HET ULTIEME HABANERO KOOKBOEK

Maak uw culinaire avonturen nog spannender met
100 vurige recepten

Finn Molenaar

Auteursrechtelijk materiaal ©2024

Alle rechten voorbehouden

Geen enkel deel van dit boek mag in welke vorm of op welke manier dan ook worden gebruikt of overgedragen zonder de juiste schriftelijke toestemming van de uitgever en eigenaar van het auteursrecht, met uitzondering van korte citaten die in een recensie worden gebruikt. Dit boek mag niet worden beschouwd als vervanging voor medisch, juridisch of ander professioneel advies.

INHOUDSOPGAVE

INHOUDSOPGAVE 3
INVOERING 6
HABANERO SAUZEN 8
   1. Habanero Bahamaanse hete saus 9
   2. Papaya-Habanero Hete Saus Met Passie 11
   3. El Yucateco-stijl rode Habanero hete saus 13
   4. El Yucateco-stijl groene Habanero hete saus 15
   5. Habanero Hete Saus in Belize-stijl 17
   6. Habanero, Tomatillo & Sinaasappelsalsa 19
   7. Gesmolten Lava Hete Saus 21
   8. Yucatan Habanero-saus 23
   9. Mango Habanerosaus 25
   10. Habanero-salsa met perzik en pruimen 27
   11. Knoflook Habanerosaus 29
   12. Rokerige Habanero-saus 31
   13. Habanerosaus in Caribische stijl 33
   14. Zoete Habanero BBQ-saus 35
   15. Wijn-Habanerosaus 37
   16. Rum Habanero-saus 39
   17. Mexicaanse Habanero Hete Saus 41
   18. El Yucateco-stijl Black Label Reserve Hete Saus 43
   19. Barbados Hete Saus 45
   20. Creoolse hete pepersaus 47
   21. Fruitige Hete Saus 49
   22. Vulkanische hete saus 51
   23. Ají Picante 53
HABANERO WRIJFT 55
   24. Macnamee's BBQ-rub 56
   25. Mocandra- kruiden 58
   26. Nagasaki steakkruiden 60
   27. Brundage -kruiden 62
   28. Klassieke Habanero-rub 64
   29. Zoete en pittige Habanero-rub 66
   30. Citrus Habanero-rub 68
   31. Rokerige Habanero-rub 70
   32. Honing Habanero Rub 72
   33. Ananas-Habanero Rub 74
   34. Mango-Habanero Rub 76
   35. Koffie-Habanero Rub 78
ONTBIJT 80

36. Habanero-ontbijtburrito's 81
37. Habanero Avocadotoast 83
38. Habanero Ontbijt Hash 85
39. Habanero Ontbijt Quesadilla's 87
40. Pittige Habanero Ontbijtworstpasteitjes 89
41. Habanero ontbijtkoek 91
42. Habanero Mango Gevulde Eieren 93
43. Frittata Met Zwarte Bonen 95

SNACKS EN VOORGERECHTEN 97
44. Pluizige Akara-ballen 98
45. Caribische Ananasbeignets 100
46. Caribische Pittige Ceviche 102
47. Oester En Habanero Ceviche 105
48. Jalapeno-churros met Habanero -mangodip 107
49. Bloemkool En Jalapeño En Escabeche 110
50. Aguachile Rojo 112
51. Puerto Vis En Garnalen Ceviche Tostadas 115
52. Habanero-mangosalsa 118
53. Habanero Jalapeño Poppers In Bacon Verpakt 120
54. Met Habanero Kaas Gevulde Champignons 122
55. Habanero Honing Geglazuurde Kippenvleugels 124

HOOFDGERECHT 126
56. Habanero Geglazuurde Kip 127
57. Pittige Habanero Garnalen Taco's 129
58. Habanero Rundvlees Roerbak 131
59. Habanero-lasagne 133
60. Koriander (korianderburrito) 136
61. Gegrilde Groenten Met Pipián-dip 138
62. Habanero BBQ-ribben 141
63. Habanero Mac En Kaas 143
64. Habanero Varkensvlees Roerbak 145
65. Habanero Vegetarische Fajitas 147

NAGERECHT 149
66. Pittige mango-habanero- ijssandwiches 150
67. Habanero en Colby Jack Flan 152
68. Habanero Limoen Shortcakes Met Kokosroom En Ananas ...154
69. Habanero Chocoladetruffels 156
70. Habanero Ananassorbet 158
71. Habanero-chocoladekoekjes 160
72. Habanero Ananas Omgekeerde Taart 162
73. Habanero Chocolademousse 165
74. Habanero-mango-ijs 167
75. Habanero Limoentaartrepen 169

SPECERIJEN 171
- 76. HABANERO-HONING 172
- 77. HABANERO ZEEMOSSALSA 174
- 78. ANANAS-HABANERO MARMELADE 176
- 79. GEMBER HABANERO GRAPEFRUIT MARMELADE 178
- 80. MANGO HABANERO-MARMELADE 180
- 81. FRAMBOZEN HABANERO MUNT MARMELADE 182
- 82. SALSA DE PIÑA TATEMADA 184
- 83. GEMBER-HABANERO WORTEL AUGURKEN 186
- 84. HABANERO-MANGOSALSA 188
- 85. HABANERO AIOLI 190
- 86. HABANERO-JAM 192
- 87. HABANERO KNOFLOOKBOTER 194
- 88. HABANERO-ANANASCHUTNEY 196
- 89. HABANERO KORIANDER LIMOEN DRESSING 198
- 90. HABANERO MANGOCHUTNEY 200

DRANKJES 202
- 91. HABANERO RUM TODDIES 203
- 92. TOBLERONE WARME CHOCOLADEMELK 205
- 93. HABANERO MANGO MARGARITA 207
- 94. PITTIGE ANANAS HABANERO MOJITO 209
- 95. HABANERO WATERMELOENKOELER 211
- 96. HABANERO-LIMONADE 213
- 97. HABANERO MANGO MOJITO 215
- 98. PITTIGE HABANERO MICHELADA 217
- 99. KNOFLOOK-HABANERO-WODKA 219
- 100. PITTIGE ANANAS EN RUCOLA MOCKTAIL 221

CONCLUSIE 223

INVOERING

Welkom bij HET ULTIEME HABANERO KOOKBOEK, uw gids om uw culinaire creaties te voorzien van de vurige smaken van een van 's werelds pittigste pepers. Habaneros, bekend om hun intense hitte en fruitige ondertonen, zijn een belangrijk onderdeel van keukens over de hele wereld en voegen diepte en opwinding toe aan gerechten variërend van mild tot wild. In dit uitgebreide handboek onderzoeken we de veelzijdigheid van habaneros en ontketenen we hun volledige potentieel in 100 zinderende recepten die uw smaakpapillen zullen prikkelen en uw kookkunsten naar nieuwe hoogten zullen tillen.

De reis door dit kookboek neemt je mee op een smaakvol avontuur, van hapjes en hoofdgerechten tot desserts en drankjes, waarbij het opmerkelijke assortiment habanero-paprika's wordt gepresenteerd. Of je nu een doorgewinterde chili-liefhebber bent of net begint de wereld van de pittige keuken te ontdekken, er is voor ieder wat wils op deze pagina's. Bereid je voor op een culinaire ontdekkingstocht die het gedurfde, het gedurfde en het heerlijke viert.

Elk recept in deze collectie is zorgvuldig samengesteld om de hitte van de habanero in evenwicht te brengen met complementaire ingrediënten, waardoor gerechten ontstaan die niet alleen pittig zijn, maar ook barstensvol complexe smaken. Van klassieke gerechten met een pittige twist tot innovatieve creaties die de grenzen van de traditionele keuken verleggen, je vindt er inspiratie voor elke gelegenheid, of je nu voor een groot publiek kookt of gewoon je eigen trek bevredigt.

Maar " HET ULTIEME HABANERO KOOKBOEK" is meer dan alleen een verzameling recepten; het is een viering van cultuur, traditie en het levendige tapijt van de mondiale keuken. Naast elk recept ontdekt u inzichten in de oorsprong van het gerecht, tips voor het kopen en verwerken van habanero-paprika's en suggesties om het recept aan te passen aan uw persoonlijke smaakvoorkeuren. Of je je nu aangetrokken voelt tot de vurige smaken van het Caribisch gebied, de rokerige hitte van Latijns-Amerika of de gedurfde kruiden van Azië, je zult inspiratie vinden om je kookkunsten te doordrenken met de essentie van deze rijke culinaire tradities.

Dus of u nu een vurige kick wilt toevoegen aan uw favoriete gerechten of een culinair avontuur wilt aangaan dat uw smaakpapillen over de hele wereld zal vervoeren, "HET ULTIEME HABANERO KOOKBOEK" is uw paspoort naar het pittige paradijs. Maak je klaar om je culinaire repertoire op te fleuren en ontdek de sensatie van koken met habanero-pepers, terwijl je je zintuigen prikkelt en je passie voor gedurfd, smaakvol eten aanwakkert.

HABANERO SAUZEN

1.Habanero Bahamaanse hete saus

INGREDIËNTEN:
- 10 habanero-paprika's, steeltjes verwijderd
- 2 teentjes knoflook
- 1/2 kopje witte azijn
- 2 eetlepels limoensap
- 1 eetlepel gele mosterd
- 1 eetlepel honing
- 1/2 theelepel zout

INSTRUCTIES:
a) Meng in een blender of keukenmachine de habanero-pepers, knoflook, witte azijn, limoensap, gele mosterd, honing en zout.
b) Mixen tot een gladde substantie.
c) Doe de saus in een pan en breng op middelhoog vuur aan de kook.
d) Laat ongeveer 10 minuten koken, af en toe roeren.
e) Haal van het vuur en laat de saus afkoelen.
f) Eenmaal afgekoeld, doe de saus in een pot of luchtdichte verpakking en zet in de koelkast.

2.Papaya-Habanero Hete Saus Met Passie

INGREDIËNTEN:
- 1 rijpe papaya, geschild en gezaaid
- 4 habanero-paprika's, steeltjes verwijderd
- 2 teentjes knoflook
- 1/4 kopje witte azijn
- 2 eetlepels limoensap
- 2 eetlepels passievruchtensap
- 1 eetlepel honing
- 1 theelepel zout

INSTRUCTIES:
a) Meng in een blender of keukenmachine de papaya, habanero-pepers, knoflook, witte azijn, limoensap, passievruchtensap, honing en zout.
b) Mixen tot een gladde substantie.
c) Doe de saus in een pan en breng op middelhoog vuur aan de kook.
d) Kook ongeveer 10 minuten, af en toe roerend.
e) Haal van het vuur en laat de saus afkoelen.
f) Eenmaal afgekoeld, doe de saus in een pot of luchtdichte verpakking en zet hem in de koelkast.

3.El Yucateco-stijl rode Habanero hete saus

INGREDIËNTEN:
- 8 rode habanero-paprika's
- 4 teentjes knoflook (gehakt)
- 1/4 kopje gedistilleerde azijn
- 2 eetlepels zout
- 1 eetlepel suiker
- 1 eetlepel plantaardige olie

INSTRUCTIES:

a) Verwijder de steeltjes van de habanero-paprika's en doe ze in een blender.

b) Voeg gehakte knoflook, gedistilleerde azijn, zout, suiker en plantaardige olie toe aan de blender. Mixen tot een gladde substantie.

c) Giet het mengsel in een pan en laat het op laag vuur 10-15 minuten koken, af en toe roeren.

d) Laat de saus volledig afkoelen en doe hem dan in een pot of fles. Bewaar in de koelkast.

4. El Yucateco-stijl groene Habanero hete saus

INGREDIËNTEN:
- 8 groene habanero-paprika's
- 4 teentjes knoflook (gehakt)
- 1/4 kopje gedistilleerde azijn
- 2 eetlepels zout
- 1 eetlepel suiker
- 1 eetlepel plantaardige olie

INSTRUCTIES:
a) Verwijder de steeltjes van de habanero-paprika's en doe ze in een blender.
b) Voeg gehakte knoflook, gedistilleerde azijn, zout, suiker en plantaardige olie toe aan de blender. Mixen tot een gladde substantie.
c) Doe het mengsel in een pan en laat het op laag vuur 10-15 minuten koken, af en toe roeren.
d) Laat de saus volledig afkoelen voordat u deze in een pot of fles doet. Koel bewaren en gebruiken zoals gewenst.

5.Habanero Hete Saus in Belize-stijl

INGREDIËNTEN:
- 10 habanero-pepers (zaadjes en stengels verwijderd)
- 4 teentjes knoflook
- 1 middelgrote ui, gehakt
- 1 wortel, gehakt
- 1 kopje witte azijn
- 2 eetlepels limoensap
- 1 eetlepel zout
- 1 eetlepel plantaardige olie
- 1 theelepel paprikapoeder

INSTRUCTIES:
a) Verhit de plantaardige olie in een pan op middelhoog vuur. Voeg de gesnipperde ui, wortel en knoflook toe. Bak totdat ze zacht en geurig worden.
b) Voeg de habanero-paprika's toe aan de pan en bak nog 2-3 minuten.
c) Haal de pan van het vuur en laat het mengsel een paar minuten afkoelen.
d) Breng het mengsel over naar een blender of keukenmachine. Voeg azijn, limoensap, zout en paprika toe.
e) Meng het mengsel tot een gladde consistentie ontstaat.
f) Proef de hete saus en pas indien nodig de kruiden aan.
g) Giet de hete saus in een pot of fles en laat deze volledig afkoelen.
h) Sluit de pot of fles af en zet deze minimaal 24 uur in de koelkast voordat u hem gebruikt, zodat de smaken zich kunnen vermengen.
i) Goed schudden voor gebruik en geniet van je zelfgemaakte habanero hete saus in Belize-stijl!
j) Houd er rekening mee dat habanero-paprika's erg pittig zijn, dus ga er voorzichtig mee om en overweeg om handschoenen te dragen tijdens het hanteren. Pas de hoeveelheid habanero-pepers aan op basis van uw kruidentolerantie.

6. Habanero, Tomatillo & Sinaasappelsalsa

INGREDIËNTEN:
- 4 tomatillos, gepeld en gespoeld
- 2 habanero-paprika's, stengels en zaden verwijderd
- 1 kleine rode ui, in blokjes gesneden
- 1 teentje knoflook, fijngehakt
- Sap van 1 sinaasappel
- Sap van 1 limoen
- 1 eetlepel olijfolie
- 1 eetlepel gehakte verse koriander
- Zout naar smaak

INSTRUCTIES:
a) Verwarm uw grill voor op de hoogste stand. Leg de tomatillos op een bakplaat en rooster ze 5-7 minuten, tot ze licht verkoold en zacht zijn.
b) Haal de tomatillos uit de oven en laat ze iets afkoelen.
c) Meng in een blender of keukenmachine de geroosterde tomatillos, habanero-paprika's, rode ui, knoflook, sinaasappelsap, limoensap, olijfolie en koriander.
d) Meng totdat je een gladde consistentie hebt bereikt. Als je de voorkeur geeft aan een grovere salsa, pulseer dan de ingrediënten in plaats van ze continu te mengen.
e) Proef de salsa en breng op smaak met zout naar eigen smaak. Pas de hoeveelheid habanero-pepers aan op basis van het gewenste kruidenniveau.
f) Doe de salsa in een serveerschaal en laat deze ongeveer 30 minuten op kamertemperatuur staan, zodat de smaken zich kunnen vermengen.
g) Serveer de habanero, tomatillo en sinaasappelsalsa met tortillachips, taco's, gegrild vlees of welk gerecht je maar wilt.

7.Gesmolten Lava Hete Saus

INGREDIËNTEN:
- 10 habanero-paprika's, steeltjes verwijderd
- 2 teentjes knoflook
- 1/4 kopje witte azijn
- 2 eetlepels limoensap
- 1 eetlepel honing
- 1 theelepel zout

INSTRUCTIES:
a) Meng in een blender of keukenmachine de habanero-pepers, knoflook, witte azijn, limoensap, honing en zout.
b) Mixen tot een gladde substantie.
c) Doe de saus in een pan en breng op middelhoog vuur aan de kook.
d) Kook ongeveer 10 minuten, af en toe roerend.
e) Haal van het vuur en laat de saus afkoelen.
f) Eenmaal afgekoeld, doe de saus in een pot of luchtdichte verpakking en zet hem in de koelkast.

8. Yucatan Habanero-saus

INGREDIËNTEN:
- 6 habanero-paprika's, stengels en zaden verwijderd
- 2 teentjes knoflook
- 1/2 kleine rode ui, gehakt
- Sap van 2 sinaasappels
- Sap van 1 limoen
- 2 eetlepels witte azijn
- 1 eetlepel olijfolie
- 1 theelepel gedroogde oregano
- Zout naar smaak

INSTRUCTIES:
a) Meng in een blender of keukenmachine de habanero-pepers, knoflook, rode ui, sinaasappelsap, limoensap, witte azijn, olijfolie, gedroogde oregano en een snufje zout.
b) Meng totdat je een gladde consistentie hebt bereikt. Als het mengsel te dik is, kun je een beetje water toevoegen om de gewenste consistentie te bereiken.
c) Proef de saus en pas de smaak aan door indien nodig meer zout toe te voegen.
d) Doe de Yucatan habanero-saus in een pot of fles met een goed sluitend deksel.
e) Laat de saus minimaal 1 uur op kamertemperatuur staan, zodat de smaken zich kunnen ontwikkelen en met elkaar kunnen versmelten.
f) Zet de saus na het rusten een paar uur of een hele nacht in de koelkast om de smaken verder te verbeteren.
g) Serveer de Yucatan habanero-saus als een pittige smaakmaker naast gegrild vlees, taco's, quesadilla's of elk gerecht dat een pittige kick kan gebruiken.
h) Houd er rekening mee dat habanero-pepers extreem pittig zijn, dus ga er voorzichtig mee om en overweeg om handschoenen te dragen tijdens het bereiden. Begin met een kleine hoeveelheid habanero-peper en pas de hoeveelheid aan op basis van uw kruidentolerantie. Geniet van de vurige smaken van Yucatan habanerosaus!

9.Mango Habanerosaus

INGREDIËNTEN:
- 2 rijpe mango's, geschild en in stukjes gesneden
- 2 habanero-paprika's, zonder zaadjes en fijngehakt
- ¼ kopje witte azijn
- 2 eetlepels limoensap
- 2 eetlepels honing
- 1 theelepel knoflookpoeder
- Zout naar smaak

INSTRUCTIES:
a) Meng in een blender of keukenmachine de gehakte mango's, habanero-pepers, witte azijn, limoensap, honing, knoflookpoeder en zout.
b) Meng tot een gladde sausconsistentie ontstaat.
c) Breng het mengsel over in een pan en breng het op middelhoog vuur aan de kook.
d) Zet het vuur laag en laat het ongeveer 10-15 minuten koken, af en toe roeren.
e) Haal van het vuur en laat de saus volledig afkoelen.
f) Doe de mango-habanero-saus in een pot of fles met een goed sluitend deksel.
g) Koel tot klaar voor gebruik.
h) Gebruik de saus als pittige smaakmaker voor gegrild vlees en sandwiches, of als dipsaus voor loempia's of kippenvleugels.

10. Habanero-salsa met perzik en pruimen

INGREDIËNTEN:
- 2 perziken, geschild en in blokjes gesneden
- 2 pruimen, geschild en in blokjes gesneden
- 2 habanero-paprika's, stengels en zaden verwijderd, fijngehakt
- 1/2 rode ui, fijngehakt
- 1/4 kopje verse koriander, gehakt
- Sap van 1 limoen
- 1 eetlepel witte azijn
- 1 eetlepel honing of suiker (optioneel, voor zoetheid)
- Zout naar smaak

INSTRUCTIES:
a) Meng in een kom de in blokjes gesneden perziken, pruimen, gehakte habanero-paprika's, rode ui en koriander.
b) Voeg het limoensap en de witte azijn toe aan de kom en meng goed.
c) Als je de voorkeur geeft aan een zoetere salsa, kun je honing of suiker toevoegen en mixen tot deze is opgelost.
d) Breng op smaak met zout en pas de hoeveelheid habanero-pepers aan op basis van de gewenste pittigheid.
e) Laat de salsa ongeveer 15-30 minuten op kamertemperatuur staan, zodat de smaken zich kunnen vermengen.
f) Proef de salsa en pas eventueel de smaak aan.
g) Serveer de perzik- en pruimenhabanero-salsa met tortillachips, gegrild vlees, vis, taco's of een ander gerecht dat een fruitige en pittige salsa kan gebruiken.
h) Eventuele overgebleven salsa kan in een afgesloten bakje in de koelkast maximaal 3-4 dagen worden bewaard.
i) Geniet van de zoete en pittige combinatie van perziken en pruimen met de vurige kick van habanero-pepers in deze heerlijke salsa!

11.Knoflook Habanerosaus

INGREDIËNTEN:
- 12 habanero-pepers (zaadjes en stengels verwijderd)
- 6 teentjes knoflook
- 1/2 kopje witte azijn
- 2 eetlepels limoensap
- 1 eetlepel zout
- 1 eetlepel suiker

INSTRUCTIES:
a) Meng de habanero-pepers, knoflook, azijn, limoensap, zout en suiker in een blender of keukenmachine. Mixen tot een gladde substantie.
b) Giet het mengsel in een pan en breng het op middelhoog vuur aan de kook.
c) Zet het vuur laag en laat de saus ongeveer 10-15 minuten sudderen, af en toe roeren.
d) Haal van het vuur en laat de saus volledig afkoelen. Doe het in een pot of fles en bewaar het in de koelkast.

12.Rokerige Habanero-saus

INGREDIËNTEN:

- 12 habanero-pepers (zaadjes en stengels verwijderd)
- 4 teentjes knoflook
- 2 eetlepels olijfolie
- 2 eetlepels gerookt paprikapoeder
- 1/4 kopje witte azijn
- 2 eetlepels limoensap
- 1 eetlepel zout

INSTRUCTIES:

a) Rooster de habanero-pepers en knoflookteentjes in een droge koekenpan op middelhoog vuur tot ze geurig zijn.
b) Meng in een blender of keukenmachine de geroosterde paprika en knoflook, olijfolie, gerookte paprika, azijn, limoensap en zout. Mixen tot een gladde substantie.
c) Giet het mengsel in een pan en breng het op middelhoog vuur aan de kook.
d) Zet het vuur laag en laat de saus ongeveer 10-15 minuten sudderen, af en toe roeren.
e) Haal van het vuur en laat de saus volledig afkoelen. Doe het in een pot of fles en bewaar het in de koelkast.

13. Habanerosaus in Caribische stijl

INGREDIËNTEN:
- 8 habanero-pepers (zaadjes en stengels verwijderd)
- 4 teentjes knoflook
- 1/2 kop ananassap
- 1/4 kopje sinaasappelsap
- 1/4 kopje limoensap
- 2 eetlepels witte azijn
- 1 eetlepel honing of suiker
- 1 theelepel zout

INSTRUCTIES:
a) Meng in een blender of keukenmachine de habanero-pepers, knoflook, ananassap, sinaasappelsap, limoensap, azijn, honing of suiker en zout. Mixen tot een gladde substantie.
b) Giet het mengsel in een pan en breng het op middelhoog vuur aan de kook.
c) Zet het vuur laag en laat de saus ongeveer 10-15 minuten sudderen, af en toe roeren.
d) Haal van het vuur en laat de saus volledig afkoelen. Doe het in een pot of fles en bewaar het in de koelkast.

14.Zoete Habanero BBQ-saus

INGREDIËNTEN:
- 8 habanero-pepers (zaadjes en stengels verwijderd)
- 4 teentjes knoflook
- 1 kopje ketchup
- 1/4 kopje melasse
- 2 eetlepels witte azijn
- 2 eetlepels bruine suiker
- 1 eetlepel Worcestershiresaus
- 1 theelepel gerookte paprikapoeder
- 1/2 theelepel zout

INSTRUCTIES:

a) Meng in een blender of keukenmachine de habanero-pepers, knoflook, ketchup, melasse, azijn, bruine suiker, Worcestershiresaus, gerookte paprika en zout. Mixen tot een gladde substantie.

b) Giet het mengsel in een pan en breng het op middelhoog vuur aan de kook.

c) Zet het vuur laag en laat de saus ongeveer 10-15 minuten sudderen, af en toe roeren.

d) Haal van het vuur en laat de saus volledig afkoelen. Doe het in een pot of fles en bewaar het in de koelkast.

15. Wijn-Habanerosaus

INGREDIËNTEN:
- 4 habanero-paprika's, stengels en zaden verwijderd, fijngehakt
- 1 kopje rode wijn (zoals Cabernet Sauvignon of Merlot)
- 1/2 kopje gedistilleerde witte azijn
- 1/4 kopje honing of suiker
- 2 teentjes knoflook, fijngehakt
- 1 theelepel zout
- 1 eetlepel maizena (optioneel, voor verdikking)

INSTRUCTIES:
a) Meng in een pan de habanero-pepers, rode wijn, witte azijn, honing of suiker, gehakte knoflook en zout.
b) Breng het mengsel op middelhoog vuur aan de kook. Zodra het kookt, zet je het vuur laag en laat je het ongeveer 15 minuten sudderen, af en toe roeren.
c) Als u de voorkeur geeft aan een dikkere saus, los dan de maïzena op in een kleine hoeveelheid koud water, zodat er een brij ontstaat. Roer de brij door de saus en laat nog 5 minuten sudderen tot de saus iets dikker wordt.
d) Haal de pan van het vuur en laat de wijn-habanerosaus volledig afkoelen.
e) Doe de saus in een pot of fles en bewaar deze in de koelkast.
f) Laat de smaken minimaal 1-2 dagen met elkaar versmelten voordat u het gebruikt voor het beste resultaat.
g) Serveer de wijn-habanero-saus als smaakmaker of glazuur voor gegrild vlees, gevogelte, zeevruchten of geroosterde groenten.

16. Rum Habanero-saus

INGREDIËNTEN:
- 4 habanero-paprika's, stengels en zaden verwijderd, fijngehakt
- 1/2 kopje rum (donker of gekruid)
- 1/4 kopje gedistilleerde witte azijn
- 1/4 kopje limoensap
- 2 eetlepels honing of suiker
- 2 teentjes knoflook, fijngehakt
- 1 theelepel zout

INSTRUCTIES:

a) Meng in een pan de habanero-pepers, rum, witte azijn, limoensap, honing of suiker, gehakte knoflook en zout.
b) Breng het mengsel op middelhoog vuur aan de kook. Zodra het kookt, zet je het vuur laag en laat je het ongeveer 10 minuten sudderen, af en toe roeren.
c) Haal de pan van het vuur en laat de rum-habanero-saus een paar minuten afkoelen.
d) Doe de saus in een blender of keukenmachine en mix tot een gladde massa.
e) Laat de saus volledig afkoelen.
f) Giet de saus in een pot of fles en bewaar deze in de koelkast.
g) Laat de smaken minimaal 1-2 dagen met elkaar versmelten voordat u het gebruikt voor het beste resultaat.
h) Serveer de rum-habanero-saus als smaakmaker of glazuur voor gegrild vlees, zeevruchten of als dipsaus voor hapjes.

17.Mexicaanse Habanero Hete Saus

INGREDIËNTEN:
- 8 oranje habanero-paprika's
- 4 teentjes knoflook (gehakt)
- 1/4 kopje gedistilleerde azijn
- 2 eetlepels zout
- 1 eetlepel suiker
- 1 eetlepel plantaardige olie

INSTRUCTIES:
a) Verwijder de steeltjes van de habanero-paprika's en doe ze in een blender.
b) Voeg gehakte knoflook, gedistilleerde azijn, zout, suiker en plantaardige olie toe aan de blender. Mixen tot een gladde substantie.
c) Doe het mengsel in een pan en laat het op laag vuur 10-15 minuten koken, af en toe roeren.
d) Laat de saus volledig afkoelen voordat u deze in een pot of fles doet. Koel bewaren en gebruiken zoals gewenst.

18.El Yucateco-stijl Black Label Reserve Hete Saus

INGREDIËNTEN:
- 8 zwarte habanero-paprika's
- 4 teentjes knoflook (gehakt)
- 1/4 kopje gedistilleerde azijn
- 2 eetlepels zout
- 1 eetlepel suiker
- 1 eetlepel plantaardige olie

INSTRUCTIES:

a) Verwijder de steeltjes van de habanero-paprika's en doe ze in een blender.

b) Voeg gehakte knoflook, gedistilleerde azijn, zout, suiker en plantaardige olie toe aan de blender. Mixen tot een gladde substantie.

c) Giet het mengsel in een pan en laat het op laag vuur 10-15 minuten koken, af en toe roeren.

d) Laat de saus volledig afkoelen en doe hem dan in een pot of fles. Bewaar in de koelkast.

19.Barbados Hete Saus

INGREDIËNTEN:
- 6 habanero-paprika's, steeltjes verwijderd
- 1 kleine ui, gehakt
- 3 teentjes knoflook
- 1/4 kopje witte azijn
- 1 eetlepel mosterd
- 1 theelepel suiker
- Zout naar smaak

INSTRUCTIES:
a) Combineer de habanero-paprika, ui, knoflook, azijn, mosterd, suiker en zout in een blender of keukenmachine.
b) Mixen tot een gladde substantie.
c) Doe de saus in een pan en breng op middelhoog vuur aan de kook.
d) Laat ongeveer 10 minuten koken, af en toe roeren.
e) Haal van het vuur en laat de saus afkoelen.
f) Eenmaal afgekoeld, doe de saus in een pot of luchtdichte verpakking en zet in de koelkast.

20. Creoolse hete pepersaus

INGREDIËNTEN:
- 10 habanero-paprika's, steeltjes verwijderd
- 2 teentjes knoflook
- 1/2 kopje witte azijn
- 2 eetlepels tomatenpuree
- 1 eetlepel paprikapoeder
- 1 eetlepel honing
- 1 theelepel zout

INSTRUCTIES:
a) Meng in een blender of keukenmachine de habanero-pepers, knoflook, witte azijn, tomatenpuree, paprika, honing en zout.
b) Mixen tot een gladde substantie.
c) Doe de saus in een pan en breng op middelhoog vuur aan de kook.
d) Laat ongeveer 10 minuten koken, af en toe roeren.
e) Haal van het vuur en laat de saus afkoelen.
f) Eenmaal afgekoeld, doe de saus in een pot of luchtdichte verpakking en zet in de koelkast.

21.Fruitige Hete Saus

INGREDIËNTEN:
- 1 kopje gemengd fruit (zoals mango, ananas of perziken), in blokjes gesneden
- 2 habanero-paprika's, stengels en zaden verwijderd
- 1/4 kopje witte azijn
- 2 eetlepels honing
- 1 eetlepel limoensap
- 1/2 theelepel zout

INSTRUCTIES:
a) Meng het gemengde fruit, de habanero-pepers, de witte azijn, de honing, het limoensap en het zout in een blender of keukenmachine.
b) Mixen tot een gladde substantie.
c) Doe de saus in een pan en breng op middelhoog vuur aan de kook.
d) Laat ongeveer 10 minuten koken, af en toe roeren.
e) Haal van het vuur en laat de saus afkoelen.
f) Eenmaal afgekoeld, doe de saus in een pot of luchtdichte verpakking en zet in de koelkast.

22. Vulkanische hete saus

INGREDIËNTEN:
- 10 rode chilipepers (zoals cayennepeper of habanero), steeltjes verwijderd
- 2 teentjes knoflook
- 1/4 kopje witte azijn
- 2 eetlepels limoensap
- 1 eetlepel honing
- 1 theelepel zout

INSTRUCTIES:
a) Meng in een blender of keukenmachine de rode chilipepers, knoflook, witte azijn, limoensap, honing en zout.
b) Mixen tot een gladde substantie.
c) Doe de saus in een pan en breng op middelhoog vuur aan de kook.
d) Kook ongeveer 10 minuten, af en toe roerend.
e) Haal van het vuur en laat de saus afkoelen.
f) Eenmaal afgekoeld, doe de saus in een pot of luchtdichte verpakking en zet hem in de koelkast.

23. Ají Picante

INGREDIËNTEN:
- 1 ounce (ongeveer 4) verse ají chirca- of habanero-pepers, zonder steel en gehakt
- 6 lente-uitjes, zowel het witte als het groene deel, gehakt
- 1 kop vers gehakte koriander
- 2 middelgrote tomaten, gehakt
- 1 eetlepel niet-gejodeerd zout
- 1 kopje water
- ¼ kopje gereserveerde pekel
- ¼ kopje witte azijn
- 2 eetlepels limoensap
- 2 theelepels kristalsuiker
- ¼ kopje avocado- of zonnebloemolie, voor serveren

INSTRUCTIES:
a) Meng de chilipepers, lente-uitjes, koriander en tomaten in een mengkom. Bestrooi de groenten met het zout.
b) Masseer het zout met je handen in de groenten totdat er een pekel begint te vormen. Laat de groenten 30 minuten staan, of totdat er voldoende pekel is gevormd om de ingrediënten in een pot te bedekken.
c) Verpak de puree in een schone pot en druk deze naar beneden om ervoor te zorgen dat de pekel de puree bedekt.
d) Plaats eventueel een cartouche, schroef het deksel er stevig op en bewaar de pot op kamertemperatuur om gedurende 5 dagen te gisten. Laat de pot dagelijks boeren.
e) Zodra de gisting is voltooid, zeef je de puree en bewaar je een kwart kopje pekel.
f) Combineer de puree, het water, de gereserveerde pekel, azijn, limoensap en suiker in een keukenmachine of blender. Pulseer lichtjes tot alles goed gemengd is, maar nog niet volledig gepureerd. Voor een iets grovere versie kun je de pulserende stap overslaan en de ingrediënten eenvoudig met de hand mengen.
g) Bewaar de ají picante in een luchtdichte verpakking in de koelkast gedurende maximaal 1 jaar.
h) Meng vlak voor het serveren 1 eetlepel olie per 1 kopje saus.

HABANERO WRIJFT

24. Macnamee's BBQ-rub

INGREDIËNTEN:
- 2 theelepels saffraan
- 2 eetlepels maanzaad
- 3 eetlepels sumak (gemalen) 1 eetlepel foelie (gemalen)
- 3 eetlepels Griekse kruiden voor alle doeleinden
- 3 eetlepels habaneropoeder
- 4 eetlepels ancho chilipoeder
- 4 eetlepels kipkruiden voor alle doeleinden
- 2 eetlepels zwarte peper
- 2 eetlepels zeezout/koosjer zout

INSTRUCTIES:
a) Meng je ingrediënten in een middelgrote kom. Bewaar bij kamertemperatuur in een luchtdichte verpakking tot gebruik.
b) Wrijf royaal op de varkensschouder, dek af en zet een nacht (of minimaal 4 uur) in de koelkast voordat u gaat roken, bakken, langzaam koken of grillen.

25. Mocandra- kruiden

INGREDIËNTEN:

- 4 eetlepels koriander
- 1 eetlepel sumak (gemalen)
- 1 eetlepel peterselie
- 3 eetlepels oregano
- 4 eetlepels Hongaarse zoete paprika
- 3 eetlepels venkelzaad
- 1 eetlepel habaneropoeder
- 2 eetlepels droge nachokruiden

INSTRUCTIES:

a) Meng je ingrediënten in een middelgrote kom. Bewaar bij kamertemperatuur in een luchtdichte verpakking tot gebruik.
b) Wrijf het royaal over de varkenskarbonades, dek af en zet het een nacht (of minimaal 4 uur) in de koelkast voordat u het rookt, bakt, langzaam kookt of grilt.

26. Nagasaki steakkruiden

INGREDIËNTEN:
- ½ kopje sojasaus
- 3 eetlepels citroensap
- 1 eetlepel habaneropoeder
- 2 eetlepels sumak (gemalen)
- 1 eetlepel hete kerriepoeder
- 1 eetlepel jeneverbessen (gemalen)
- 1 eetlepel pimentpoeder

INSTRUCTIES:
a) Meng je ingrediënten in een middelgrote kom.
b) Marineer steaks minimaal 4 uur voordat u ze grilt.

27.Brundage -kruiden

INGREDIËNTEN:
- 4 eetlepels sumak (gemalen)
- 2 eetlepels selderijzaad (gemalen) 1 eetlepel habaneropoeder
- 2 eetlepels zeevruchtenkruiden voor alle doeleinden
- 2 eetlepels Chinees vijfkruidenpoeder
- 1 eetlepel Montreal steak spice 1 eetlepel anijs
- 4 eetlepels mosterdzaad (gemalen) 2 eetlepels zwarte peper

INSTRUCTIES:
a) Meng je ingrediënten in een middelgrote kom. Bewaar bij kamertemperatuur in een luchtdichte verpakking tot gebruik.
b) Wrijf royaal op de varkensschouder, dek af en zet een nacht (of minimaal 4 uur) in de koelkast voordat u gaat roken, bakken, langzaam koken of grillen.

28.Klassieke Habanero-rub

INGREDIËNTEN:
- 2 eetlepels gemalen habaneropeper
- 2 eetlepels gerookt paprikapoeder
- 1 eetlepel knoflookpoeder
- 1 eetlepel uienpoeder
- 1 eetlepel bruine suiker
- 1 eetlepel gedroogde oregano
- 1 eetlepel gemalen komijn
- 1 eetlepel zout
- 1 theelepel zwarte peper

INSTRUCTIES:
a) Meng alle ingrediënten in een kom en meng goed tot ze gelijkmatig zijn opgenomen.
b) Wrijf het mengsel royaal over het vlees of de groenten van uw keuze voordat u gaat grillen, braden of roken.

29.Zoete en pittige Habanero-rub

INGREDIËNTEN:
- 2 eetlepels gemalen habaneropeper
- 2 eetlepels bruine suiker
- 1 eetlepel gerookte paprikapoeder
- 1 eetlepel knoflookpoeder
- 1 eetlepel uienpoeder
- 1 eetlepel gemalen komijn
- 1 eetlepel chilipoeder
- 1 eetlepel zout
- 1 theelepel zwarte peper

INSTRUCTIES:
a) Doe alle ingrediënten in een kom en meng grondig.
b) Breng de rub royaal aan op uw vlees of groenten, zodat een gelijkmatige laag ontstaat.
c) Kook uw voedsel naar wens, of u het nu grilt, bakt of in de pan schroeit, zodat de smaken van de rub in het gerecht kunnen trekken.

30.Citrus Habanero-rub

INGREDIËNTEN:
- 2 eetlepels gemalen habaneropeper
- Schil van 1 limoen
- Schil van 1 sinaasappel
- 2 eetlepels bruine suiker
- 1 eetlepel gerookte paprikapoeder
- 1 eetlepel knoflookpoeder
- 1 eetlepel uienpoeder
- 1 eetlepel gemalen komijn
- 1 eetlepel gedroogde tijm
- 1 eetlepel zout
- 1 theelepel zwarte peper

INSTRUCTIES:
a) Meng in een mengkom de gemalen habanero-peper, limoenschil, sinaasappelschil, bruine suiker, gerookte paprika, knoflookpoeder, uienpoeder, komijn, tijm, zout en zwarte peper.
b) Meng alle ingrediënten grondig tot ze goed gecombineerd zijn.
c) Breng de rub vóór het koken royaal aan op uw vlees of groenten, zodat u verzekerd bent van een gelijkmatige dekking.
d) Kook uw eten volgens de door u gewenste methode om de smaken te laten samensmelten.

31. Rokerige Habanero-rub

INGREDIËNTEN:
- 2 eetlepels gemalen habaneropeper
- 1 eetlepel gerookte paprikapoeder
- 1 eetlepel bruine suiker
- 1 eetlepel knoflookpoeder
- 1 eetlepel uienpoeder
- 1 eetlepel gemalen koriander
- 1 eetlepel gemalen komijn
- 1 eetlepel zout
- 1 theelepel zwarte peper

INSTRUCTIES:
a) Meng in een kom de gemalen habanero-peper, gerookte paprika, bruine suiker, knoflookpoeder, uienpoeder, koriander, komijn, zout en zwarte peper.
b) Meng goed totdat alle ingrediënten gelijkmatig verdeeld zijn.
c) Wrijf het mengsel royaal over uw vlees of groenten en zorg ervoor dat alle kanten bedekt zijn.
d) Grill, braad of rook je eten tot het volledig gaar is, zodat de smaken van de rub zich kunnen ontwikkelen.

32. Honing Habanero Rub

INGREDIËNTEN:
- 2 eetlepels gemalen habaneropeper
- 2 eetlepels honing
- 1 eetlepel gerookte paprikapoeder
- 1 eetlepel knoflookpoeder
- 1 eetlepel uienpoeder
- 1 eetlepel gemalen komijn
- 1 eetlepel gedroogde tijm
- 1 eetlepel zout
- 1 theelepel zwarte peper

INSTRUCTIES:
a) Meng in een mengkom de gemalen habanero-peper, honing, gerookte paprika, knoflookpoeder, uienpoeder, komijn, tijm, zout en zwarte peper.
b) Roer tot alle ingrediënten goed zijn opgenomen en een dikke pasta vormen.
c) Wrijf het mengsel over je vlees of groenten, zodat een gelijkmatige laag ontstaat.
d) Laat het voedsel minimaal 30 minuten in de rub zitten, zodat de smaken goed kunnen doordringen.
e) Kook uw voedsel zoals gewenst, of u het nu grilt, braadt of in de pan schroeit, tot het volledig gaar is en de rub lichtjes is gekaramelliseerd.

33. Ananas-Habanero Rub

INGREDIËNTEN:
- 2 eetlepels gemalen habaneropeper
- 1/4 kop ananassap
- Schil van 1 limoen
- 2 eetlepels bruine suiker
- 1 eetlepel gerookte paprikapoeder
- 1 eetlepel knoflookpoeder
- 1 eetlepel uienpoeder
- 1 eetlepel gemalen komijn
- 1 eetlepel gedroogde oregano
- 1 eetlepel zout
- 1 theelepel zwarte peper

INSTRUCTIES:
a) Meng in een kom gemalen habanero-peper, ananassap, limoenschil, bruine suiker, gerookte paprika, knoflookpoeder, uienpoeder, komijn, oregano, zout en zwarte peper tot alles goed gemengd is.
b) Wrijf het mengsel over je vlees of groenten, zodat het gelijkmatig bedekt is.
c) Laat het minimaal 30 minuten marineren voordat u het kookt, zodat de smaken goed kunnen doordringen.
d) Grill, braad of sauteer uw eten tot het volledig gaar is en geniet van de kruidig-zoete smaakcombinatie.

34.Mango-Habanero Rub

INGREDIËNTEN:
- 2 eetlepels gemalen habaneropeper
- 1/4 kopje mangopuree
- Schil van 1 citroen
- 2 eetlepels honing
- 1 eetlepel gerookte paprikapoeder
- 1 eetlepel knoflookpoeder
- 1 eetlepel uienpoeder
- 1 eetlepel gemalen koriander
- 1 eetlepel gemalen komijn
- 1 eetlepel zout
- 1 theelepel zwarte peper

INSTRUCTIES:
a) Meng in een mengkom gemalen habanero-peper, mangopuree, citroenschil, honing, gerookte paprika, knoflookpoeder, uienpoeder, koriander, komijn, zout en zwarte peper.
b) Roer totdat alle ingrediënten goed zijn opgenomen.
c) Wrijf het mengsel over je vlees of groenten en zorg voor een royale laag.
d) Laat het minstens 30 minuten marineren voordat u het kookt om de smaken te versterken.
e) Kook uw voedsel naar wens, of u het nu grilt, bakt of in de pan schroeit, tot het volledig gaar en gekarameliseerd is.

35. Koffie-Habanero Rub

INGREDIËNTEN:
- 2 eetlepels gemalen habaneropeper
- 2 eetlepels fijngemalen koffie
- 2 eetlepels bruine suiker
- 1 eetlepel gerookte paprikapoeder
- 1 eetlepel knoflookpoeder
- 1 eetlepel uienpoeder
- 1 eetlepel gemalen komijn
- 1 eetlepel chilipoeder
- 1 eetlepel zout
- 1 theelepel zwarte peper

INSTRUCTIES:
a) Meng in een kom gemalen habanero-peper, gemalen koffie, bruine suiker, gerookte paprika, knoflookpoeder, uienpoeder, komijn, chilipoeder, zout en zwarte peper.
b) Meng goed totdat alle ingrediënten gelijkmatig verdeeld zijn.
c) Wrijf het mengsel over je vlees of groenten en zorg voor een goede dekking.
d) Laat het minimaal 30 minuten staan, zodat de smaken zich kunnen vermengen.
e) Grill, braad of rook uw eten tot het volledig gaar is, zodat de robuuste smaken zich kunnen ontwikkelen.

ONTBIJT

36.Habanero-ontbijtburrito's

INGREDIËNTEN:
- 4 grote bloemtortilla's
- 8 eieren, losgeklopt
- 1 habanero-peper, zonder zaadjes en fijngehakt
- 1/2 kop geraspte cheddarkaas
- 1/4 kop gehakte verse koriander
- Zout en peper naar smaak
- Kokende olie

INSTRUCTIES:
a) Verhit een beetje bakolie in een koekenpan op middelhoog vuur. Voeg de gehakte habanero-peper toe en bak 1-2 minuten tot hij zacht is.
b) Giet de losgeklopte eieren in de koekenpan met de habanero en kook, onder af en toe roeren, tot het roerei en gaar is.
c) Breng de eieren op smaak met peper en zout.
d) Verwarm de bloemtortilla's in een aparte koekenpan of in de magnetron.
e) Verdeel de roerei gelijkmatig over de tortilla's. Bestrijk elk gerecht met geraspte cheddarkaas en gehakte koriander.
f) Rol de tortilla's op tot burrito's en vouw de zijkanten naar binnen terwijl je rolt.
g) Serveer onmiddellijk, eventueel met salsa- of avocadoschijfjes apart.

37. Habanero Avocadotoast

INGREDIËNTEN:
- 2 sneetjes van je favoriete brood, geroosterd
- 1 rijpe avocado
- 1 habanero-peper, zonder zaadjes en in dunne plakjes gesneden
- 1 eetlepel limoensap
- Zout en peper naar smaak
- Optionele toppings: gesneden radijsjes, microgreens, verkruimelde fetakaas

INSTRUCTIES:
a) Pureer de rijpe avocado in een kom met limoensap, zout en peper.
b) Verdeel de gepureerde avocado gelijkmatig over de geroosterde sneetjes brood.
c) Beleg de avocadotoost met dun gesneden habanero-pepers.
d) Voeg eventuele extra toppings toe die je lekker vindt, zoals gesneden radijsjes, microgreens of verkruimelde fetakaas.
e) Serveer onmiddellijk voor een pittig en bevredigend ontbijt.

38. Habanero Ontbijt Hash

INGREDIËNTEN:
- 2 eetlepels olijfolie
- 1 habanero-peper, zonder zaadjes en fijngehakt
- 1 kleine ui, in blokjes gesneden
- 2 teentjes knoflook, fijngehakt
- 2 middelgrote aardappelen, geschild en in blokjes gesneden
- 1 paprika, in blokjes gesneden
- 4 eieren
- Zout en peper naar smaak
- Gehakte verse peterselie voor garnering

INSTRUCTIES:

a) Verhit olijfolie in een grote koekenpan op middelhoog vuur. Voeg de gehakte habanero-peper, de in blokjes gesneden ui en de gehakte knoflook toe. Bak 2-3 minuten tot ze zacht zijn.

b) Voeg de in blokjes gesneden aardappelen toe aan de koekenpan en kook, onder af en toe roeren, tot ze goudbruin en gaar zijn, ongeveer 10-12 minuten.

c) Roer de in blokjes gesneden paprika erdoor en kook nog 2-3 minuten tot ze zacht zijn.

d) Maak vier kuiltjes in het hasjmengsel en breek in elk kuiltje een ei.

e) Dek de koekenpan af en kook 3-4 minuten, of tot het eiwit gestold is maar de dooiers nog vloeibaar zijn.

f) Breng op smaak met peper en zout en garneer met gehakte verse peterselie.

g) Serveer warm, eventueel met hete saus of salsa apart voor extra pit.

39. Habanero Ontbijt Quesadilla's

INGREDIËNTEN:
- 4 grote bloemtortilla's
- 1 kopje geraspte kaas (zoals Cheddar of Monterey Jack)
- 4 eieren, roerei
- 1 habanero-peper, zonder zaadjes en fijngehakt
- 1/4 kop gehakte verse koriander
- Zout en peper naar smaak
- Kookolie of boter om te koken

INSTRUCTIES:
a) Verhit een koekenpan op middelhoog vuur en vet licht in met bakolie of boter.
b) Doe een bloemtortilla in de pan en strooi de helft van de geraspte kaas gelijkmatig over de tortilla.
c) Verdeel de helft van het roerei over de kaas en bestrooi met gehakte habaneropeper en koriander.
d) Breng op smaak met zout en peper.
e) Leg er nog een tortilla op en druk zachtjes aan.
f) Kook de quesadilla 2-3 minuten aan elke kant, of tot de tortilla's goudbruin zijn en de kaas gesmolten is.
g) Herhaal met de overige ingrediënten om de tweede quesadilla te maken.
h) Haal het uit de pan en laat een minuut afkoelen voordat je het in partjes snijdt.
i) Serveer warm met salsa, zure room of plakjes avocado ernaast.

40. Pittige Habanero Ontbijtworstpasteitjes

INGREDIËNTEN:
- 1 pond gemalen varkensvlees
- 1 habanero-peper, zonder zaadjes en fijngehakt
- 2 teentjes knoflook, fijngehakt
- 1 theelepel gemalen komijn
- 1 theelepel gerookte paprikapoeder
- 1/2 theelepel gedroogde tijm
- 1/2 theelepel gedroogde oregano
- Zout en peper naar smaak
- Kookolie om te frituren

INSTRUCTIES:
a) Meng in een mengkom het gemalen varkensvlees, gehakte habanero-peper, gehakte knoflook, gemalen komijn, gerookte paprika, gedroogde tijm, gedroogde oregano, zout en peper.
b) Meng de ingrediënten tot ze goed gecombineerd zijn.
c) Verdeel het mengsel in gelijke porties en vorm er pasteitjes van.
d) Verhit wat bakolie in een koekenpan op middelhoog vuur.
e) Bak de worstpasteitjes in de koekenpan gedurende ongeveer 4-5 minuten aan elke kant, of tot ze gaar zijn en goudbruin aan de buitenkant.
f) Haal uit de pan en laat uitlekken op keukenpapier om overtollige olie te verwijderen.
g) Serveer de pittige habanero-ontbijtworstpasteitjes warm met eieren, toast of je favoriete ontbijtbijtjes.

41.Habanero ontbijtkoek

INGREDIËNTEN:
- 4 grote eieren
- 1 habanero-peper, zonder zaadjes en fijngehakt
- 1 paprika, in blokjes gesneden
- 1 kleine ui, in blokjes gesneden
- 2 teentjes knoflook, fijngehakt
- 2 middelgrote aardappelen, geschild en in blokjes gesneden
- 1 eetlepel olijfolie
- Zout en peper naar smaak
- Gehakte verse peterselie voor garnering

INSTRUCTIES:
a) Verhit olijfolie in een grote koekenpan op middelhoog vuur.
b) Voeg de in blokjes gesneden aardappelen toe aan de koekenpan en kook tot ze goudbruin en knapperig zijn, ongeveer 10 minuten.
c) Voeg de in blokjes gesneden paprika, ui en gehakte knoflook toe aan de koekenpan. Kook tot de groenten zacht zijn, ongeveer 5 minuten.
d) Maak vier kuiltjes in het aardappelmengsel en breek in elk kuiltje een ei.
e) Strooi de gehakte habanero-peper gelijkmatig over de koekenpan.
f) Bedek de koekenpan en kook tot het eiwit gestold is en de dooiers nog steeds vloeibaar zijn, ongeveer 5 minuten.
g) Breng op smaak met peper en zout en garneer met gehakte verse peterselie.
h) Serveer warm, eventueel met hete saus of salsa apart voor extra pit.

42. Habanero Mango Gevulde Eieren

INGREDIËNTEN:
- 6 grote eieren, hardgekookt en gepeld
- 1/4 kop mayonaise
- 1 theelepel Dijon-mosterd
- 1 theelepel witte azijn
- 1 habanero-peper, fijngehakt (zaadjes verwijderd voor minder hitte)
- 2 eetlepels fijngesneden rijpe mango
- Zout en peper naar smaak
- Gehakte koriander voor garnering

INSTRUCTIES:
a) Bereid de klassieke duivelse eieren.
b) Meng mayonaise met Dijon-mosterd, witte azijn, gehakte habanero-peper, in blokjes gesneden mango, zout en peper.
c) Meng het habanero-mangomengsel met de gepureerde eierdooiers.
d) Vul het eiwit en garneer met gehakte koriander.
e) Zet in de koelkast tot het serveren.

43.Frittata Met Zwarte Bonen

INGREDIËNTEN:
- 6 eieren
- 2 theelepels groene habanero hete saus
- zout naar smaak
- gemalen zwarte peper naar smaak
- 3 uien, gesneden
- 2 sjalotten, gesneden
- 1 eetlepel kokosolie
- 1 blik zwarte bonen
- 12 cl. bouillon
- Sap van 1/2 citroen
- 1 tomaat o, in blokjes gesneden

INSTRUCTIES:
a) Verwarm de oven voor op 350 graden Fahrenheit.
b) Klop in een mengkom de eieren en de pikante saus tot een gladde massa. Breng op smaak met zout en peper.
c) Vul de pan met het mengsel en bak tot de omelet gestold is.
d) Verhit de olie in een wok en voeg de uien en sjalotjes toe, samen met de hete saus.
e) Voeg de bonen en de bouillon toe, breng aan de kook en zet het vuur lager.
f) Voeg het citroensap toe.
g) Haal de omelet uit de oven.
h) Verdeel het bonenmengsel gelijkmatig over de bovenkant.
i) Bestrooi met in blokjes gesneden tomaten.

SNACKS EN VOORGERECHTEN

44.Pluizige Akara-ballen

INGREDIËNTEN:
- 2 kopjes Black-eyed Peas (schoongemaakt, geschild en geweekt)
- 1 habanero-peper
- 1 grote ui (in stukken gesneden om te mengen)
- Zout of bouillonpoeder naar smaak.
- ¾ kopje water
- 3 kopjes bakolie (voor frituren)

INSTRUCTIES:
a) Doe de geweekte bonen in de blender en voeg de ui, paprika en ¾ kopje water toe. Meng tot een gladde massa. Doe het beslag met de garde eraan in een kom van een keukenmixer.
b) Voeg zout toe en klop het beslag ongeveer 6 minuten, zodat er lucht in het mengsel komt.
c) Terwijl je het beslag klopt, verwarm je de olie om te frituren.
d) Als de olie heet is, schep je het beslag met je hand in de olie. Zorg ervoor dat je vingers de hete olie niet aanraken.
e) Bak tot ze goudbruin zijn. Vergeet niet om de Akara naar de andere kant te draaien, zodat de Akara-ballen gelijkmatig bruin worden.
f) Breng het over naar een frituurmand bekleed met keukenpapier om overtollige olie te absorberen.

45. Caribische Ananasbeignets

INGREDIËNTEN:
- 2 kopjes verse ananas; in stukjes snijden
- 1 Habanero Chilipeper; gezaaid en gehakt
- 5 bieslook; fijngehakt
- 1 ui; gehakt
- 2 teentjes knoflook; gepureerd en gehakt
- 8 groene uien; gehakt
- ½ theelepel kurkuma
- 1¼ kopje bloem
- ½ kopje melk; of meer
- ½ kopje Plantaardige olie; voor frituren
- 2 eieren; geslagen
- Zout en peper
- Ananasringen; voor garnering

INSTRUCTIES:
a) Meng de eerste zeven ingrediënten ; opzij zetten.
b) Meng bloem, melk, eieren, zout en peper en klop goed met een elektrische mixer.
c) Combineer na 4 uur het fruit met het beslag.
d) Verhit de plantaardige olie in een diepe koekenpan.
e) Voeg het beslag met lepels toe en bak ongeveer 5 minuten, of tot ze goudbruin zijn.
f) Verwijder de beignets en laat ze uitlekken op keukenpapier. Serveer koud

46. Caribische Pittige Ceviche

INGREDIËNTEN:
MARINADE
- ½ theelepel suiker
- ½ theelepel zout
- ¼ theelepel gemalen zwarte peper
- 1 hete saus naar smaak
- 2 ons vers limoensap
- 2 ons vers citroensap
- 4 ons vers sinaasappelsap

GARNIES
- 4 ons tomaten zonder zaadjes en in blokjes gesneden van ¼ inch
- 2 ons paprika groen/rood gezaaid, in blokjes gesneden ⅛ inch
- 2 ons ui, fijngehakt en vervolgens afgespoeld met water en laten uitlekken
- 2 eetlepels korianderblaadjes gehakt
- 2 eetlepels peterselie fijngehakt
- 2 serranopepers zonder zaadjes, in fijne blokjes gesneden
- 2 jalapenopeper zonder zaadjes en in fijne blokjes gesneden
- 5 habanero zonder zaadjes, in fijne blokjes gesneden

SCHAALDIEREN
- 32 ons kokend water
- 1 groene ui, wit gedeelte en 1 inch groen gesneden
- 20 Garnalen gepeld en ontdaan van darmen
- 12 ons Mosselen, geschrobd en ontbaard
- 12 babyschelpjes
- 6 ons sint- jakobsschelpen, gespoeld
- 2 ons witte wijn
- 1 ons sjalotjes in blokjes gesneden
- 1 tostada- of tortillachips

INSTRUCTIES:
a) Meng de marinade-ingrediënten goed in de koelkast
b) Bereid de garnituren opzij
c) Breng water aan de kook en laat 5 minuten koken
d) Voeg de garnalen toe aan het water, zodat ze net gaar zijn, verwijder ze en laat ze afkoelen zodat ze niet rubberachtig worden

e) Breng de vloeistof aan de kook, voeg de sint-jakobsschelpen toe en haal van het vuur en laat 3 minuten staan
f) Snijd de Sint-Jakobsschelpen, die melkachtig wit moeten zijn, in de middelste afvoer en spoel ze af onder kinderwater.
g) Combineer mosselen, mosselen, wijn en sjalotten in een pandeksel en stoom tot alle schelpen open zijn. Gooi alle ongeopende schelpen weg.
h) Gooi de schelpen weg en snijd alle schaaldieren (garnalen, Sint-jakobsschelpen, mosselen en kokkels) in blokjes
i) Meng de marinade, de schaaldieren en de garnituren goed en zet het minimaal twee uur in de koelkast. Controleer voor het serveren de kruiden

47. Oester En Habanero Ceviche

INGREDIËNTEN:
- 8 Gepelde verse oesters
- 1 eetlepel Gehakte koriander
- 1 eetlepel Fijn gesneden tomaat
- ¼ theelepel Habaneropuree
- ½ sinaasappel; oppermachtig
- ¼ kopje Vers geperst sinaasappelsap
- 1 eetlepel Vers geperst citroensap
- Zout en peper

INSTRUCTIES:
a) Combineer alle ingrediënten in een kom.
b) Breng op smaak met zout en peper.
c) Serveer in oesterschelphelften.

48.Jalapeno-churros met Habanero -mangodip

INGREDIËNTEN:
VOOR DE CHURROS:
- ½ blok Ketel Biologische Tofu, uitgelekt
- 1 theelepel olijfolie
- Sap van ½ limoen
- 2 eetlepels water
- 1 klein teentje knoflook
- ½ verkruimeld bouillonblokje
- ¼ theelepel ui/selderijzout
- ¼ theelepel grof gemalen zwarte peper
- 125 g zelfrijzend bakmeel
- 1 ½ theelepel bakpoeder
- Schil van 1 limoen
- 3 eetlepels gehakte gesneden jalapenos
- Handvol gehakte koriander

VOOR DE MANGODIP:
- ½ kleine rode ui
- 1 rijpe mango, geschild en ontpit
- Sap van 1 limoen
- 1 habanero chili, zonder zaadjes en in blokjes gesneden
- Klein bosje koriander, fijngehakt
- Snufje zout

INSTRUCTIES:
a) Meng in een keukenmachine de uitgelekte Ketel Biologische Tofu, olijfolie, limoensap, water, knoflook, verkruimeld bouillonblokje, selderijzout en zwarte peper. Blend tot je een glad mengsel hebt.
b) Roer het zelfrijzend bakmeel, bakpoeder, limoenschil, gehakte jalapenos en koriander erdoor tot alles goed gemengd is.
c) Schep het churromengsel in een brede spuitzak of vorm er met bebloemde handen buisjes van ongeveer 1 x 10 cm van.
d) Verwarm de plantaardige olie in een frituurpan of een pan met dikke bodem tot 180°C (350°F).
e) Laat de churros voorzichtig in de hete olie vallen en bak ze 3-4 minuten, of tot ze goudbruin zijn en een knapperig uiterlijk hebben. Zorg ervoor dat het binnenste gedeelte gaar is tot een

deegachtige consistentie. Je kunt één churro controleren door hem voorzichtig uit de olie te halen en doormidden te breken om de gaarheid te controleren voordat je de overige churro verwijdert.

f) Zodra de churros goudbruin en krokant zijn, haal je ze uit de olie en leg je ze op een met keukenpapier bekleed bord. Bestrooi ze met grof zout naar smaak.

g) Om de mangodip te maken, combineer alle ingrediënten voor de dip (behalve de koriander) in een blender of keukenmachine en mix tot een gladde massa. Roer vervolgens de gehakte koriander erdoor.

h) Serveer de hartige jalapeno- en limoen-churros met de pittige mangodip voor een smaakvol en uniek tussendoortje.

49. Bloemkool En Jalapeño En Escabeche

INGREDIËNTEN:
- ¼ kopje (60 ml) olijfolie
- 6 jalapeños (3½ ounces/100 g), in de lengte gehalveerd, zonder zaadjes en in reepjes gesneden
- 4 wortels (250 g), geschild en in plakjes van 2,5 cm dik
- 4 kleine teentjes knoflook, gepeld en geplet
- 2 takjes tijm
- 1 laurierblad
- ¼ theelepel gedroogde marjolein
- 4 theelepels zeezout
- ½ kopje (120 ml) ananasazijn (kan een citrusazijn vervangen)
- ½ kopje (120 ml) appelazijn
- 1½ theelepel demerara-rietsuiker
- 1 bloemkool met kleine kop (400 g), in kleine roosjes gesneden
- 1 kleine habanero chili, in dunne plakjes gesneden
- ½ kleine jicama (260 g), geschild en in plakjes van 2,5 cm dik

INSTRUCTIES:
a) Verhit de olie in een grote pan op middelhoog vuur. Zodra het warm is, voeg je de jalapeños en wortels toe. Bak gedurende 3 minuten, totdat de jalapeños hun aroma vrijgeven.
b) Voeg de knoflook, tijm, laurier, marjolein en zout toe. Bak nog eens 5 minuten.
c) Voeg de ananas- en ciderazijn, de suiker en ¼ kopje (60 ml) water toe en blijf sauteren tot de ingrediënten goed gemengd zijn. Roer de bloemkool, habanero en jicama erdoor en bak gedurende 5 minuten.
d) Zet het vuur uit.
e) Doe het mengsel in een kom, dek af en laat minimaal 3 uur rusten, waarbij u één keer per uur roert. Koel tot klaar om te serveren. In de koelkast is dit maximaal 4 weken houdbaar.

50. Aguachile Rojo

INGREDIËNTEN:
- 2 pond (910 g) grote garnalen (ongeveer 15 tot 17 per pond), geschild, ontdaan van darmen, gespoeld en drooggedept
- Sap van 12 limoenen, bij voorkeur limoenen (ongeveer 1½ kopje/360 ml)
- 4 rode Fresno-chilipepers (30 g), steeltjes verwijderd
- 1 tot 2 habanero chilipepers, stengels verwijderd
- 2 eetlepels olijfolie
- ½ theelepel zeezout, plus meer indien nodig
- Vers gemalen zwarte peper
- 1 kop (135 g) geschilde en in dunne plakjes gesneden Engelse komkommer
- ½ kopje (65 g) in dunne plakjes gesneden rode ui
- 2 eetlepels gehakte verse koriander

VOOR HET SERVEREN:
- Tostadas
- Limoen plakjes
- Gehakte verse peterselie

INSTRUCTIES:

a) Gebruik een klein, scherp mes om de garnalen te vlinderen door bijna helemaal door de achterkant van elke garnaal te snijden. Dit zal ervoor zorgen dat de garnalen vlakker blijven tijdens het marineren en koken.

b) Plaats de garnalen in een ondiepe glazen schaal. Giet driekwart van het limoensap (ongeveer 240 ml) erover en zorg ervoor dat de garnalen bedekt zijn. Dek de schaal af en zet hem ongeveer 15 minuten in de koelkast, terwijl je de rest van de ingrediënten klaarmaakt.

c) Voeg in een blender de Fresno- en habanero-chilipepers toe, het sap van het resterende kwart limoensap (ongeveer ½ kopje/120 ml), de olijfolie en het zout. Mixen tot een gladde substantie. Proef op zout en pas indien nodig aan.

d) Haal de garnalen uit de koelkast en giet de chili-limoendressing erover, zorg ervoor dat deze gelijkmatig met de garnalen wordt gemengd. Breng op smaak met peper. Leg de komkommers, uien en koriander erover. Chill nog eens 15 minuten of zo.

e) Zorg ervoor dat de garnalen minimaal 30 minuten in de koelkast hebben gestaan voordat je alles door elkaar mengt en serveert met tostadas, limoenschijfjes en gehakte peterselie.

51.Puerto Vis En Garnalen Ceviche Tostadas

INGREDIËNTEN:

- 1 pond (455 g) heilbotfilets (kan de snapperfilets vervangen), in blokjes van ¼ inch (6 mm) gesneden
- 1 pond (455 g) grote garnalen (ongeveer 15 tot 17 per pond), geschild, ontdaan van de darmen, gespoeld en grof gehakt
- 1 kop (240 ml) vers limoensap
- ⅓ kopje (15 g) fijngehakte verse koriander
- 1½ kopjes (220 g) gehakte kerstomaatjes
- 1 middelgrote wortel (70 g/2½ ounces), in fijne blokjes gesneden
- 2 serrano chilipepers, stengels en zaden verwijderd, fijngehakt
- ½ kopje (65 g) fijngehakte rode ui
- 1 eetlepel zeezout
- Voor de habanero-crema:
- 1 tot 2 habanero chilipepers, verkoold (kan direct boven de vlam op de kookplaat worden gegrild)
- 1 eetlepel vers limoensap
- Schil van ½ limoen
- 1 theelepel zeezout
- Vers gemalen zwarte peper
- 1 kop (240 ml) mayonaise

VOOR HET SERVEREN:

- 12 tostada's
- 1 avocado, gehalveerd, ontpit, geschild en in dunne plakjes gesneden

INSTRUCTIES:

a) Meng de heilbot, garnalen en limoensap in een grote kom en laat de zeevruchten 20 minuten marineren. Giet af en gooi alles behalve ½ kopje (120 ml) sap weg. Voeg in dezelfde kom de koriander, tomaten, wortel, serranos, rode ui en zout toe. Roer voorzichtig om te combineren. Zet nog eens 20 minuten in de koelkast.

b) Maak ondertussen de habanero crema: maal in een keukenmachine de verkoolde habanero, het limoensap, de limoenschil, het zout en de peper tot ze fijngehakt zijn. Voeg de mayonaise toe en pureer tot een gladde massa; laat afkoelen tot het klaar is om te serveren, of tot 30 minuten voor het serveren.

c) Smeer voor het serveren een dun laagje koriandermayonaise op elke tostada.

d) Bestrijk met het ceviche-zeevruchtenmengsel en garneer met de plakjes avocado.

52.Habanero-mangosalsa

INGREDIËNTEN:
- 2 rijpe mango's, in blokjes gesneden
- 1 habanero-peper, zonder zaadjes en fijngehakt
- 1/2 rode ui, fijngehakt
- 1/4 kopje verse koriander, gehakt
- Sap van 1 limoen
- Zout naar smaak

INSTRUCTIES:
a) Meng in een mengkom de in blokjes gesneden mango, de gehakte habanero-peper, de gehakte rode ui en de gehakte koriander.
b) Knijp het limoensap over het mengsel en meng het door elkaar.
c) Breng op smaak met zout.
d) Dek af en laat minimaal 30 minuten in de koelkast staan, zodat de smaken zich kunnen vermengen.
e) Serveer de habanero mangosalsa met tortillachips of als topping voor gegrilde vis of kip.

53. Habanero Jalapeño Poppers In Bacon Verpakt

INGREDIËNTEN:
- 12 jalapeñopepers
- 6 plakjes spek, gehalveerd
- 4 oz roomkaas, verzacht
- 1 habanero-peper, zonder zaadjes en fijngehakt
- Zout en peper naar smaak
- Tandenstokers

INSTRUCTIES:
a) Verwarm uw oven voor op 190°C (375°F) en bekleed een bakplaat met bakpapier.
b) Snijd de jalapeñopepers in de lengte doormidden en verwijder de zaden en de zaadlijsten.
c) Meng in een mengkom zachte roomkaas, gehakte habanero-peper, zout en peper.
d) Vul elke jalapeñohelft met het roomkaasmengsel.
e) Omwikkel elke gevulde jalapeño met een half plakje spek en zet vast met een tandenstoker.
f) Plaats de in spek gewikkelde jalapeñopoppers op de voorbereide bakplaat.
g) Bak in de voorverwarmde oven gedurende 20-25 minuten, of tot het spek knapperig is en de paprika zacht is.
h) Haal uit de oven en laat iets afkoelen voordat je het serveert.

54. Met Habanero Kaas Gevulde Champignons

INGREDIËNTEN:
- 12 grote champignons, stengels verwijderd
- 4 oz roomkaas, verzacht
- 1 habanero-peper, zonder zaadjes en fijngehakt
- 1/4 kop geraspte Parmezaanse kaas
- 2 eetlepels gehakte verse peterselie
- Zout en peper naar smaak
- Olijfolie om te besprenkelen

INSTRUCTIES:
a) Verwarm uw oven voor op 190°C (375°F) en bekleed een bakplaat met bakpapier.
b) Meng in een mengkom de zachte roomkaas, gehakte habanero-peper, geraspte Parmezaanse kaas, gehakte peterselie, zout en peper.
c) Schep het roomkaasmengsel in de holte van elke champignonhoed.
d) Plaats de gevulde champignons op de voorbereide bakplaat.
e) Besprenkel met olijfolie en bak in de voorverwarmde oven gedurende 15-20 minuten, of tot de champignons gaar zijn en de kaas goudbruin en bubbelend is.
f) Haal uit de oven en laat iets afkoelen voordat je het serveert.

55. Habanero Honing Geglazuurde Kippenvleugels

INGREDIËNTEN:
- 2 pond kippenvleugels, gespleten bij de gewrichten, punten verwijderd
- Zout en peper naar smaak
- 1 habanero-peper, zonder zaadjes en fijngehakt
- 1/4 kopje honing
- 2 eetlepels sojasaus
- 2 eetlepels appelazijn
- 1 eetlepel olijfolie
- Optionele garnering: gehakte verse koriander of groene uien

INSTRUCTIES:
a) Verwarm de oven voor op 200 °C (400 °F) en bekleed een bakplaat met aluminiumfolie.
b) Breng de kippenvleugels op smaak met zout en peper en leg ze in een enkele laag op de voorbereide bakplaat.
c) Meng in een kleine kom gehakte habanero-peper, honing, sojasaus, appelciderazijn en olijfolie om het glazuur te maken.
d) Bestrijk de kippenvleugels met het habanero-honingglazuur en bestrijk ze gelijkmatig.
e) Bak in de voorverwarmde oven gedurende 40-45 minuten, draai halverwege om, of tot de vleugels goudbruin en gaar zijn.
f) Haal uit de oven en laat iets afkoelen voordat je het serveert.
g) Garneer indien gewenst met gehakte verse koriander of groene uien.

HOOFDGERECHT

56. Habanero Geglazuurde Kip

INGREDIËNTEN:
- 4 kipfilets zonder bot en zonder vel
- Zout en peper naar smaak
- 2 eetlepels olijfolie
- 2 habanero-paprika's, zonder zaadjes en fijngehakt
- 3 teentjes knoflook, fijngehakt
- 1/4 kopje honing
- 2 eetlepels sojasaus
- 1 eetlepel limoensap
- 1 theelepel geraspte gember
- Gehakte verse koriander voor garnering

INSTRUCTIES:
a) Kruid de kipfilets aan beide kanten met zout en peper.
b) Verhit olijfolie in een grote koekenpan op middelhoog vuur. Voeg de kipfilets toe en kook ongeveer 5-6 minuten aan elke kant, of tot ze goudbruin en gaar zijn. Haal uit de koekenpan en zet opzij.
c) Voeg in dezelfde koekenpan de gehakte habanero-paprika's en de gehakte knoflook toe. Kook ongeveer 1-2 minuten tot het geurig is.
d) Roer de honing, sojasaus, limoensap en geraspte gember erdoor. Breng aan de kook en kook nog 2-3 minuten, onder regelmatig roeren, tot de saus iets dikker wordt.
e) Doe de kipfilets terug in de koekenpan en bestrijk ze gelijkmatig met het habanero-glazuur. Laat nog 2-3 minuten koken, zodat de smaken zich kunnen vermengen.
f) Garneer voor het serveren met gehakte verse koriander. Serveer de habanero geglaceerde kip warm, vergezeld van rijst, quinoa of geroosterde groenten.

57. Pittige Habanero Garnalen Taco's

INGREDIËNTEN:
- 1 pond grote garnalen, gepeld en ontdaan van darmen
- Zout en peper naar smaak
- 2 eetlepels olijfolie
- 2 habanero-paprika's, zonder zaadjes en fijngehakt
- 3 teentjes knoflook, fijngehakt
- 1/4 kop gehakte verse koriander
- Sap van 1 limoen
- 8 kleine maïs- of bloemtortilla's
- Optionele toppings: geraspte kool, in blokjes gesneden avocado, gesneden radijsjes, zure room, limoenpartjes

INSTRUCTIES:
a) Breng de garnalen op smaak met zout en peper.
b) Verhit olijfolie in een grote koekenpan op middelhoog vuur. Voeg de garnalen toe en kook ongeveer 2-3 minuten aan elke kant, of tot ze roze en ondoorzichtig zijn. Haal uit de koekenpan en zet opzij.
c) Voeg in dezelfde koekenpan de gehakte habanero-paprika's en de gehakte knoflook toe. Kook ongeveer 1-2 minuten tot het geurig is.
d) Doe de gekookte garnalen terug in de pan en voeg de gehakte koriander en het limoensap toe. Meng de garnalen gelijkmatig met het habanero-mengsel. Laat nog 1-2 minuten koken, af en toe roeren.
e) Verwarm de tortilla's in een droge koekenpan of magnetron.
f) Verdeel de pittige habanero-garnalen gelijkmatig over de tortilla's. Werk af met geraspte kool, in blokjes gesneden avocado, gesneden radijsjes en een klodder zure room, indien gewenst.
g) Serveer de taco's met habanero-garnalen warm, vergezeld van partjes limoen om eroverheen te knijpen.

58.Habanero Rundvlees Roerbak

INGREDIËNTEN:
- 1 pond runderlende, in dunne plakjes gesneden
- 2 eetlepels sojasaus
- 1 eetlepel maizena
- 2 eetlepels olijfolie
- 2 habanero-paprika's, zonder zaadjes en in dunne plakjes gesneden
- 1 paprika, in dunne plakjes gesneden
- 1 ui, in dunne plakjes gesneden
- 2 teentjes knoflook, fijngehakt
- 1 eetlepel geraspte gember
- 2 eetlepels hoisinsaus
- Gekookte rijst of noedels om te serveren
- Gehakte groene uien voor garnering

INSTRUCTIES:
a) Meng het gesneden rundvlees in een kom met sojasaus en maizena. Meng goed en laat het ongeveer 15-20 minuten marineren.
b) Verhit olijfolie in een grote koekenpan of wok op hoog vuur. Voeg de gemarineerde plakjes rundvlees toe en roerbak ongeveer 2-3 minuten tot ze bruin zijn. Haal uit de koekenpan en zet opzij.
c) Voeg in dezelfde koekenpan de gesneden habanero-paprika, paprika en ui toe. Roerbak ongeveer 2-3 minuten tot de groenten knapperig gaar zijn.
d) Voeg gehakte knoflook en geraspte gember toe aan de koekenpan. Kook nog 1-2 minuten tot het geurig is.
e) Doe het gekookte rundvlees terug in de pan en voeg de hoisinsaus toe. Roerbak alles nog 1-2 minuten, zorg ervoor dat het vlees en de groenten gelijkmatig bedekt zijn met de saus.
f) Serveer het roerbakhabanero-rundvlees heet over gekookte rijst of noedels. Garneer met gehakte groene uien voor het serveren.

59. Habanero-lasagne

INGREDIËNTEN:
- 9 lasagna-noedels
- 1 pond rundergehakt (of gemalen kalkoen, indien gewenst)
- 1 ui, fijngehakt
- 3 teentjes knoflook, fijngehakt
- 1 habanero-peper, zaadjes verwijderd en fijngehakt
- 1 blikje (14 ons) tomatenblokjes
- 2 kopjes tomatensaus
- 1 theelepel gedroogde oregano
- 1 theelepel gedroogde basilicum
- 1 theelepel gemalen komijn
- Zout en peper naar smaak
- 2 kopjes geraspte mozzarellakaas
- Verse korianderblaadjes ter garnering

INSTRUCTIES:
a) Verwarm uw oven voor op 190°C.
b) Kook de lasagne-noedels volgens de instructies op de verpakking. Giet af en zet opzij.
c) Kook het gehakt in een grote koekenpan op middelhoog vuur tot het bruin is. Verwijder eventueel overtollig vet.
d) Voeg de gehakte ui, gehakte knoflook en gehakte habanero-peper toe aan de koekenpan. Fruit tot de ui glazig is en de paprika zacht is.
e) Voeg de in blokjes gesneden tomaten, tomatensaus, gedroogde oregano, gedroogde basilicum, gemalen komijn, zout en peper toe aan de koekenpan. Roer goed om te combineren.
f) Laat het mengsel ongeveer 10 minuten sudderen, zodat de smaken zich kunnen vermengen.
g) Verdeel een laag vleessaus in een ingevette ovenschaal van 9x13 inch. Leg er een laag gekookte lasagne-noedels op. Herhaal de lagen en eindig met een laag vleessaus erop.
h) Strooi de geraspte mozzarellakaas gelijkmatig over de bovenste laag saus.

i) Bedek de ovenschaal met folie en bak 25 minuten in de voorverwarmde oven. Verwijder vervolgens de folie en bak nog eens 10 minuten, of totdat de kaas gesmolten en bubbelend is.
j) Haal het uit de oven en laat het een paar minuten afkoelen voordat je het serveert.
k) Garneer met verse korianderblaadjes en serveer de Habanero Lasagne warm.

60. Koriander (korianderburrito)

INGREDIËNTEN:
- ½ pond Droge zwarte bonen
- ½ pond Droge pintobonen
- ½ pond Droge bruine bonen
- 30 Tortillaschelpen
- 10 lente-uitjes; gehakt
- ¾ pond champignons; gehakt
- 2 Cubanelle-paprika's; gehakt
- ½ pakje Volkoren couscous; gekookt
- Hete saus op basis van Habanero
- Citroensap
- Rode peperpasta of tabasco
- Koriander
- 1 eetlepel Habanero-saus
- 2 eetlepels Rode peperpasta
- 1 eetlepel komijn
- 1 eetlepel Citroensap
- 1 eetlepel boter

INSTRUCTIES:
a) Laat de bonen een nacht weken, kook tot ze zacht zijn.
b) Voeg habanerosaus, rode peperpasta, komijn en citroensap toe.
c) Voeg aan een grote Teflon-koekepan toe: voeg 1 eetlepel boter/
d) Verwarm en kook er de champignons en cubanelles in.
e) Zorg voor aparte mengkommen voor champignons/paprika; Lente-ui; koriander, couscous en nog één voor water, en één voor bonenmix.
f) Neem een tortilla en zet deze 35 seconden op de hoogste stand. Haal het eruit, leg het op een houten slagerblok, bestrijk het met water, draai het om, bestrijk het met water. Ik gebruik aan elke kant een handvol water.
g) Doe nu 2-3 volle theelepels bonen op een lijn, ⅓ van de ene rand.
h) Voeg 1 theelepel koriander, lente-uitjes, champignons en 1 eetl. couscous. Rol één keer om, vouw de randen om en voltooi het rollen.

61.Gegrilde Groenten Met Pipián-dip

INGREDIËNTEN:
VOOR DE DIP:
- 1 habanero, steel verwijderd
- 4 teentjes knoflook, gepeld
- 3 rode paprika's (elk 300 g), stengels en zaden verwijderd
- 2 grote erfgoedtomaten of trostomaten (400 g)
- 1 sneetje zuurdesembrood
- ½ kopje (120 ml) druivenpitolie
- ½ kopje (120 ml) olijfolie
- 1 kopje (140 g) rauwe amandelen, licht geroosterd in een koekenpan op de kookplaat
- ¼ kopje (60 ml) rode wijnazijn
- 2 theelepels zeezout

VOOR DE GROENTEN:
- 225 g erfstukwortelen, bijgesneden en geschild
- ½ gele pompoen, houtachtige kern afgesneden
- 225 gram asperges, de houtachtige kernen zijn eraf gebroken
- 225 g calabacita (Mexicaanse zomerpompoen; kan courgette vervangen), in vieren
- ¼ kopje (60 ml) olijfolie
- 1 eetlepel zeezout
- 1 eetlepel versgemalen zwarte peper

INSTRUCTIES:
a) Start een houtskool- of gasgrill. Het gas moet op hoog staan. Als u een pelletgrill gebruikt, verwarm uw grill dan minimaal 15 minuten voor op 220 °C. Als u houtskool gebruikt, moeten de kolen rood zijn, maar volledig bedekt met grijze as.

b) Maak de dip: Wikkel de habanero en knoflook in een vierkant vel aluminiumfolie. Leg de paprika, tomaten en brood direct op de grill, samen met de ingepakte habanero en knoflook. Grill het brood totdat het verkoold is, ongeveer een minuut of twee per kant. Grill de paprika en de tomaten ongeveer 10 minuten en draai ze voortdurend om tot ze verkoold zijn. De habanero en knoflook zijn na ongeveer 10 minuten zacht. Haal van de grill en zet opzij.

c) Meng in een keukenmachine de habanero, knoflook, paprika, tomaten, brood, de druivenpit- en olijfolie, amandelen, azijn en zout tot de textuur op een pasta lijkt.
d) Bereid de groenten voor: Meng de wortels, gele pompoen, asperges en calabacita in een grote kom met de olijfolie, zout en peper.
e) Leg de groenten direct op de grill en gril ze ongeveer 10 minuten, terwijl u ze voortdurend omdraait, totdat ze verkoold zijn.
f) Serveer de groenten warm met de dip ernaast.

62.Habanero BBQ-ribben

INGREDIËNTEN:
- 2 rekken varkensribbetjes
- Zout en peper naar smaak
- 2 eetlepels olijfolie
- 2 habanero-paprika's, zonder zaadjes en fijngehakt
- 3 teentjes knoflook, fijngehakt
- 1 kopje barbecuesaus
- 1/4 kopje honing
- 2 eetlepels appelazijn
- 1 eetlepel Worcestershiresaus
- Gehakte verse koriander voor garnering

INSTRUCTIES:
a) Verwarm uw oven voor op 165°C.
b) Kruid de varkensribbetjes aan beide kanten met zout en peper.
c) Verhit olijfolie in een koekenpan op middelhoog vuur. Voeg gehakte habanero-pepers en gehakte knoflook toe en bak 1-2 minuten tot het geurig is.
d) Roer de barbecuesaus, honing, appelciderazijn en worcestershiresaus erdoor. Laat 2-3 minuten sudderen en haal dan van het vuur.
e) Leg de gekruide ribben op een bakplaat bekleed met aluminiumfolie. Bestrijk de ribben royaal met de habanero-barbecuesaus en bewaar wat voor bedruipen.
f) Bedek de ribben met nog een vel aluminiumfolie en bak ze 2-2,5 uur in de voorverwarmde oven, of totdat het vlees zacht is en loslaat van de botten.
g) Verwijder de bovenste laag folie en bedruip de ribben met de overgebleven habanero BBQ-saus. Verhoog de oventemperatuur tot 200°C en bak nog eens 10-15 minuten, of tot de saus gekarameliseerd en plakkerig is.
h) Garneer voor het serveren met gehakte verse koriander. Serveer de habanero BBQ-ribs warm met je favoriete bijgerechten.

63. Habanero Mac En Kaas

INGREDIËNTEN:
- 8 oz elleboog macaroni of pasta naar keuze
- 4 eetlepels ongezouten boter
- 1/4 kopje bloem voor alle doeleinden
- 2 kopjes melk
- 2 kopjes geraspte scherpe cheddarkaas
- 1 habanero-peper, zonder zaadjes en fijngehakt
- Zout en peper naar smaak
- 1/2 kopje broodkruimels
- Gehakte verse peterselie voor garnering

INSTRUCTIES:
a) Verwarm uw oven voor op 175°C (350°F) en vet een ovenschaal in.
b) Kook de elleboogmacaroni volgens de instructies op de verpakking al dente. Giet af en zet opzij.
c) Smelt de boter in een pan op middelhoog vuur. Roer de bloem erdoor en kook 1-2 minuten om een roux te maken.
d) Klop geleidelijk de melk erdoor tot het glad en ingedikt is.
e) Roer de geraspte cheddarkaas erdoor tot het gesmolten en glad is.
f) Voeg gehakte habaneropeper, zout en peper toe aan de kaassaus en pas de hitte aan naar jouw voorkeur.
g) Combineer de gekookte macaroni met de habanero-kaassaus en doe het in de voorbereide ovenschaal.
h) Strooi paneermeel over de bovenkant van de mac en kaas.
i) Bak in de voorverwarmde oven gedurende 25-30 minuten, of tot het broodkruim goudbruin is en de kaas bubbelt.
j) Garneer voor het serveren met gehakte verse peterselie. Serveer de habanero mac en kaas warm als een heerlijk en pittig hoofdgerecht.

64. Habanero Varkensvlees Roerbak

INGREDIËNTEN:
- 1 pond varkenshaas, in dunne plakjes gesneden
- Zout en peper naar smaak
- 2 eetlepels sojasaus
- 1 eetlepel maizena
- 2 eetlepels olijfolie
- 2 habanero-paprika's, zonder zaadjes en in dunne plakjes gesneden
- 1 rode paprika, in dunne plakjes gesneden
- 1 gele paprika, in dunne plakjes gesneden
- 1 ui, in dunne plakjes gesneden
- 2 teentjes knoflook, fijngehakt
- 1 eetlepel geraspte gember
- 2 eetlepels hoisinsaus
- Gekookte rijst om te serveren
- Gehakte groene uien voor garnering

INSTRUCTIES:
a) Meng het gesneden varkensvlees in een kom met sojasaus en maizena. Meng goed en laat het ongeveer 15-20 minuten marineren.
b) Verhit olijfolie in een grote koekenpan of wok op hoog vuur. Voeg de gemarineerde plakjes varkensvlees toe en roerbak ongeveer 2-3 minuten tot ze bruin zijn. Haal uit de koekenpan en zet opzij.
c) Voeg in dezelfde koekenpan de gesneden habanero-paprika's, paprika en ui toe. Roerbak ongeveer 2-3 minuten tot de groenten knapperig gaar zijn.
d) Voeg gehakte knoflook en geraspte gember toe aan de koekenpan. Kook nog 1-2 minuten tot het geurig is.
e) Doe het gekookte varkensvlees terug in de pan en voeg de hoisinsaus toe. Roerbak alles nog 1-2 minuten, zorg ervoor dat het varkensvlees en de groenten gelijkmatig bedekt zijn met de saus.
f) Serveer het roerbakgerecht habanero-varkensvlees heet over gekookte rijst. Garneer met gehakte groene uien voor het serveren.

65.Habanero Vegetarische Fajitas

INGREDIËNTEN:
- 2 eetlepels olijfolie
- 2 paprika's (elke kleur), in dunne plakjes gesneden
- 1 grote ui, in dunne plakjes gesneden
- 2 habanero-paprika's, zonder zaadjes en in dunne plakjes gesneden
- 1 theelepel gemalen komijn
- 1 theelepel chilipoeder
- Zout en peper naar smaak
- 8 kleine bloemtortilla's
- Optionele toppings: salsa, guacamole, zure room, geraspte kaas, gehakte koriander

INSTRUCTIES:
a) Verhit olijfolie in een grote koekenpan op middelhoog vuur. Voeg de gesneden paprika, ui en habanero-paprika toe aan de koekenpan.
b) Strooi gemalen komijn, chilipoeder, zout en peper over de groenten. Roerbak ongeveer 5-7 minuten tot de groenten zacht en licht gekarameliseerd zijn.
c) Verwarm de bloemtortilla's in een droge koekenpan of magnetron.
d) Verdeel de gekookte groenten gelijkmatig over de tortilla's.
e) Serveer de habanero vegetarische fajitas warm met toppings naar keuze, zoals salsa, guacamole, zure room, geraspte kaas en gehakte koriander.

NAGERECHT

66.Pittige mango-habanero- ijssandwiches

INGREDIËNTEN:
- 1 ½ kopje bloem voor alle doeleinden
- ½ theelepel zuiveringszout
- ¼ theelepel zout
- ½ kopje ongezouten boter, verzacht
- ½ kopje kristalsuiker
- ½ kopje verpakte bruine suiker
- 1 groot ei
- 1 theelepel vanille-extract
- 1 rijpe mango, geschild en in blokjes gesneden
- 1 habanero-peper, zonder zaadjes en fijngehakt
- 1 pint mango- of vanille-ijs

INSTRUCTIES:
a) Verwarm uw oven voor op 190°C (375°F) en bekleed een bakplaat met bakpapier.
b) Meng in een kom de bloem, het bakpoeder en het zout.
c) Meng in een aparte mengkom de zachte boter, kristalsuiker en bruine suiker tot een licht en luchtig mengsel. Voeg het ei en het vanille-extract toe en meng tot alles goed gemengd is.
d) Voeg geleidelijk de droge ingrediënten toe aan het botermengsel en meng tot alles net gemengd is. Roer de in blokjes gesneden mango en de gehakte habanero-peper erdoor.
e) Laat ronde eetlepels deeg op de voorbereide bakplaat vallen, met een onderlinge afstand van ongeveer 5 cm. Maak elke deegbal een beetje plat met de palm van je hand.
f) Bak gedurende 10-12 minuten of tot de randen goudbruin zijn. Laat de koekjes volledig afkoelen.
g) Neem een bolletje mango- of vanille-ijs en plaats dit tussen twee koekjes.
h) Plaats de ijssandwiches minimaal 1 uur in de vriezer om op te stijven voordat u ze serveert.

67. Habanero en Colby Jack Flan

INGREDIËNTEN:
- 1 9-inch taartkorst
- 1 kopje zware room
- ½ kopje volle melk
- ¾ kopje geraspte Colby Jack-kaas
- 4 grote eieren
- 1 habanero-peper, zonder zaadjes en fijngehakt

INSTRUCTIES:
a) Verwarm de oven voor op 350 ° F. Klop in een grote mengkom de room, melk, geraspte Colby Jack-kaas, eieren en fijngehakte habanero-peper door elkaar.
b) Giet het mengsel in de voorbereide taartbodem en bak gedurende 40-45 minuten of tot het midden stevig is. Laat volledig afkoelen voordat je het serveert.

68. Habanero Limoen Shortcakes Met Kokosroom En Ananas

INGREDIËNTEN:
- 2 kopjes All-purpose Flour
- ¼ kopje kristalsuiker
- 2 theelepels bakpoeder
- ½ theelepel zout
- 1 habanero-peper, zaadjes verwijderd en fijngehakt
- Schil van 2 limoenen
- ½ kopje ongezouten boter, koud en in kleine stukjes gesneden
- ⅔ kopje melk
- 1 kopje zware room
- 2 eetlepels poedersuiker
- ½ theelepel vanille-extract
- 1 kopje in blokjes gesneden ananas

INSTRUCTIES:

a) Verwarm uw oven voor op 220°C. Bekleed een bakplaat met bakpapier.

b) Meng in een grote kom bloem, suiker, bakpoeder, zout, gehakte habanero-peper en limoenschil.

c) Voeg de koude boter toe aan de droge ingrediënten en gebruik een deegsnijder of je vingers om het in te snijden totdat het mengsel op grove kruimels lijkt.

d) Giet geleidelijk de melk erbij, zachtjes roerend, tot het deeg samenkomt.

e) Leg het deeg op een licht met bloem bestoven oppervlak en kneed het een paar keer tot het glad is. Rol het deeg uit tot een dikte van ongeveer een halve centimeter.

f) Gebruik een ronde koekjesvormer om shortcakes uit te snijden en plaats ze op de voorbereide bakplaat.

g) Bak ongeveer 12-15 minuten of tot ze goudbruin zijn. Laat ze volledig afkoelen.

h) Klop de slagroom in een gekoelde kom tot er zachte pieken ontstaan. Roer de poedersuiker en het vanille-extract erdoor.

i) Verdeel de shortcakes horizontaal doormidden. Schep de in blokjes gesneden ananas op elke onderste helft.

j) Schep er een klodder kokosroom op en leg de andere helft erop. Serveer en geniet.

69. Habanero Chocoladetruffels

INGREDIËNTEN:
- 8 oz pure chocolade, fijngehakt
- 1/2 kop zware room
- 1 habanero-peper, gehalveerd en zaadjes verwijderd
- Cacaopoeder of poedersuiker voor coating

INSTRUCTIES:

a) Verhit de slagroom en de habanero-peper in een kleine pan op middelhoog vuur tot het net begint te sudderen. Haal van het vuur en laat de peper ongeveer 10 minuten in de room trekken.

b) Zeef de room om de habanero-paprikahelften te verwijderen, doe hem terug in de pan en verwarm opnieuw tot hij net kookt.

c) Doe de gehakte pure chocolade in een hittebestendige kom. Giet de hete room over de chocolade en laat het 1-2 minuten staan.

d) Roer de chocolade en de room door elkaar tot een gladde massa en goed gecombineerd is.

e) Bedek de kom met plasticfolie en zet deze 2-3 uur in de koelkast, of totdat het mengsel stevig genoeg is om te hanteren.

f) Eenmaal gekoeld, gebruik je een lepel of meloenballer om porties van het chocolademengsel uit te scheppen en tot balletjes te rollen.

g) Rol de truffels door cacaopoeder of poedersuiker om ze te bedekken.

h) Bewaar de habanero chocoladetruffels in de koelkast tot ze klaar zijn om te serveren.

70. Habanero Ananassorbet

INGREDIËNTEN:
- 2 kopjes ananasstukjes (vers of ingeblikt)
- 1/2 kopje suiker
- Sap van 1 limoen
- 1 habanero-peper, zonder zaadjes en fijngehakt
- 1/4 kopje water

INSTRUCTIES:
a) Meng in een blender de stukjes ananas, suiker, limoensap, habanero-peper en water.
b) Mixen tot een gladde substantie.
c) Giet het mengsel in een ondiepe schaal en vries het gedurende 2-3 uur in. Roer elke 30 minuten met een vork om eventuele ijskristallen los te maken.
d) Zodra de sorbet bevroren is en een modderige consistentie heeft, breng je hem over naar een luchtdichte verpakking en vries je hem nog eens 1-2 uur in om op te stijven.
e) Serveer de habanero-ananassorbet in kommen of glazen, eventueel gegarneerd met een schijfje verse ananas of een partje limoen.

71. Habanero-chocoladekoekjes

INGREDIËNTEN:
- 1 kopje bloem voor alle doeleinden
- 1/2 theelepel zuiveringszout
- 1/4 theelepel zout
- 1/2 kop ongezouten boter, verzacht
- 1/2 kopje kristalsuiker
- 1/4 kop bruine suiker
- 1 ei
- 1 theelepel vanille-extract
- 1 habanero-peper, zonder zaadjes en fijngehakt
- 1 kop halfzoete chocoladestukjes

INSTRUCTIES:
a) Verwarm uw oven voor op 175°C (350°F) en bekleed een bakplaat met bakpapier.
b) Meng in een kleine kom de bloem, het bakpoeder en het zout. Opzij zetten.
c) Meng in een grote mengkom de zachte boter, de kristalsuiker en de bruine suiker tot een licht en luchtig mengsel.
d) Klop het ei en het vanille-extract erdoor tot alles goed gemengd is.
e) Voeg geleidelijk de droge ingrediënten toe aan de natte ingrediënten en meng tot er een deeg ontstaat.
f) Vouw de gehakte habanero-peper en halfzoete chocoladestukjes erdoor tot ze gelijkmatig door het deeg zijn verdeeld.
g) Laat lepels deeg op de voorbereide bakplaat vallen, met een onderlinge afstand van ongeveer 5 cm.
h) Bak in de voorverwarmde oven gedurende 10-12 minuten, of tot de randen goudbruin zijn.
i) Laat de koekjes een paar minuten afkoelen op de bakplaat voordat je ze op een rooster legt om volledig af te koelen.

72. Habanero Ananas Omgekeerde Taart

INGREDIËNTEN:
- 1/4 kopje ongezouten boter
- 1/2 kopje bruine suiker
- 1 habanero-peper, in dunne plakjes gesneden
- 1 kopje ananasstukjes (vers of ingeblikt)
- 1 kopje bloem voor alle doeleinden
- 1 theelepel bakpoeder
- 1/4 theelepel zout
- 1/2 kop ongezouten boter, verzacht
- 3/4 kop kristalsuiker
- 2 eieren
- 1 theelepel vanille-extract
- 1/4 kopje melk

INSTRUCTIES:
a) Verwarm uw oven voor op 175°C. Vet een ronde cakevorm van 9 inch in.
b) Smelt in een kleine pan 1/4 kopje ongezouten boter op middelhoog vuur. Roer de bruine suiker erdoor tot deze is opgelost.
c) Giet het boter-suikermengsel op de bodem van de ingevette cakevorm.
d) Leg de gesneden habanero-paprika en stukjes ananas in een gelijkmatige laag op het boter-suikermengsel.
e) Meng in een middelgrote kom de bloem, het bakpoeder en het zout. Opzij zetten.
f) Klop in een grote mengkom de zachte boter en de kristalsuiker tot een licht en luchtig geheel.
g) Klop de eieren er één voor één door, gevolgd door het vanille-extract.
h) Voeg geleidelijk de droge ingrediënten toe aan de natte ingrediënten, afgewisseld met de melk, en meng tot alles net gemengd is.
i) Giet het cakebeslag over de ananas- en habanerolaag in de cakevorm en verdeel het gelijkmatig.

j) Bak in de voorverwarmde oven gedurende 30-35 minuten, of totdat een tandenstoker die je in het midden steekt er schoon uitkomt.
k) Laat de cake 10 minuten afkoelen in de pan en keer hem dan om op een serveerschaal.
l) Serveer de habanero ananas ondersteboven cake warm of op kamertemperatuur.

73. Habanero Chocolademousse

INGREDIËNTEN:
- 6 oz pure chocolade, gehakt
- 2 habanero-paprika's, gehalveerd en zaadjes verwijderd
- 1 kopje zware room
- 2 eetlepels kristalsuiker
- 1 theelepel vanille-extract
- Slagroom en chocoladeschaafsel ter garnering (optioneel)

INSTRUCTIES:
a) Doe de gehakte pure chocolade in een hittebestendige kom.
b) Verhit de slagroom en de habanero-paprika's in een kleine pan op middelhoog vuur tot het net begint te sudderen. Haal van het vuur en laat de paprika's ongeveer 10 minuten in de room trekken.
c) Zeef de room om de habanero-paprikahelften te verwijderen, doe hem terug in de pan en verwarm opnieuw tot hij net kookt.
d) Giet de hete room over de gehakte chocolade en laat dit 1-2 minuten staan.
e) Roer de chocolade en de room door elkaar tot een gladde massa en goed gecombineerd is. Laat het mengsel afkoelen tot kamertemperatuur.
f) Klop in een aparte kom de slagroom met kristalsuiker en vanille-extract tot er stijve pieken ontstaan.
g) Spatel de slagroom voorzichtig door het afgekoelde chocolademengsel tot het volledig is opgenomen.
h) Verdeel de mousse in serveerglaasjes en zet deze minimaal 2 uur in de koelkast, of tot deze is opgesteven.
i) Garneer eventueel met slagroom en chocoladeschaafsel voor het serveren.

74.Habanero-mango-ijs

INGREDIËNTEN:
- 2 kopjes rijpe mangostukjes (vers of bevroren)
- 1 habanero-peper, zonder zaadjes en fijngehakt
- 1 kopje zware room
- 1/2 kopje gezoete gecondenseerde melk
- 1 theelepel vanille-extract
- Snufje zout

INSTRUCTIES:
a) Doe de mangostukjes en de gehakte habanero-peper in een blender of keukenmachine. Mixen tot een gladde substantie.
b) Klop in een mengkom de mangopuree, slagroom, gezoete gecondenseerde melk, vanille-extract en zout tot alles goed gemengd is.
c) Giet het mengsel in een ijsmachine en draai volgens de instructies van de fabrikant, meestal ongeveer 20-25 minuten.
d) Breng het gekarnde ijs over in een diepvriescontainer en vries het minimaal 4 uur in, of tot het stevig is.
e) Serveer de habanero-mango-ijslepels in kommen of hoorntjes en geniet van de zoete en kruidige smaken.

75. Habanero Limoentaartrepen

INGREDIËNTEN:
- 1 1/2 kopjes graham crackerkruimels
- 1/4 kop kristalsuiker
- 1/2 kop ongezouten boter, gesmolten
- 1 blikje (14 oz) gezoete gecondenseerde melk
- 3 grote eierdooiers
- Schil van 2 limoenen
- 1/2 kop vers limoensap
- 1 habanero-peper, zonder zaadjes en fijngehakt
- Slagroom voor de topping (optioneel)

INSTRUCTIES:
a) Verwarm uw oven voor op 175°C. Vet een bakvorm van 9x9 inch in.
b) Meng de crackerkruimels van Graham, de kristalsuiker en de gesmolten boter in een mengkom. Druk het mengsel in de bodem van de voorbereide bakvorm.
c) Bak de korst in de voorverwarmde oven gedurende 10 minuten. Haal het uit de oven en laat het iets afkoelen.
d) Klop in een andere mengkom de gezoete gecondenseerde melk, de eierdooiers, de limoenschil, het limoensap en de gehakte habanero-peper tot een gladde massa.
e) Giet het limoenmengsel over de gebakken korst en verdeel het gelijkmatig.
f) Zet de pan terug in de oven en bak nog eens 15-20 minuten, of tot de vulling stevig is.
g) Laat de habanero-limoentaartrepen afkoelen tot kamertemperatuur en zet ze vervolgens minstens 2 uur in de koelkast, of tot ze gekoeld en stevig zijn.
h) Snijd het in vierkantjes en serveer eventueel met een toefje slagroom erop.

SPECERIJEN

76.Habanero-honing

INGREDIËNTEN:
- Goede kwaliteit honing
- Habanero chilipepers, gesneden en gezaaid

INSTRUCTIES:
a) Doe honing van goede kwaliteit in gesteriliseerde potten en duw er zoveel habaneros in als je wilt.
b) Haal alle luchtbellen eruit.
c) Schroef regelmatig de doppen los om de gassen vrij te laten en roer.

77. Habanero Zeemossalsa

INGREDIËNTEN:
"UIENPASTA"
- ¼ middelgrote rode ui, gehakt
- 1 eetlepel verse jalapeño,
- ¼ kopje koriander, gehakt
- 1 theelepel knoflookpasta
- ½ theelepel zeezout
- ¼ theelepel komijnpoeder

SALSA -INGREDIËNTEN
- 2 kopjes verse tomaten, gehakt
- 2 theelepel limoensap
- ¼ theelepel agavenectar
- 1 eetlepel zeemosgel
- 1 klein stukje habanero-peper

INSTRUCTIES:
a) Eerst gaan we onze "uienpasta" maken. Dit helpt de salsa de maximale smaak vast te houden. Spoel de ui, jalapeño en koriander af en hak ze fijn in een grote kom of snijplank. Voeg vervolgens je knoflookpasta toe en strooi zeezout en komijn over al je ingrediënten.

b) Pureer de ingrediënten met een stevige vork of aardappelstamper zo veel mogelijk tot er een dikke pasta ontstaat .

c) Pak vervolgens je keukenmachine en voeg je tomaten, pasta, limoensap, agavenectar, zeemosgel en een klein stukje habanero-peper toe .

d) Meng het mengsel niet langer dan 1 minuut in uw keukenmachine totdat alle ingrediënten volledig zijn gemengd. Serveer direct met tortillachips of bovenop vegan taco's!

e) Deze Vegan Salsa kan van tevoren worden gemaakt en is in de koelkast ongeveer 5 tot 7 dagen houdbaar. Het vriest NIET goed.

78.Ananas-Habanero Marmelade

INGREDIËNTEN:
- 1 middelgrote ananas, geschild en zonder klokhuis 2 habanero chilipepers, in dunne plakjes gesneden
- 1 kopje suiker
- Sap en geraspte schil van 2 limoenen
- ¾ theelepel koosjer zout
- 3 eetlepels witte azijn

INSTRUCTIES:
a) Rasp de ananas op de grote gaten van een doosrasp in een grote kom. Bewaar het sap.
b) Meng de ananas en het sap in een grote pan met de chilipepers, suiker, limoensap en zout. Breng op middelhoog vuur aan de kook, zet het vuur laag zodat het blijft sudderen en voeg de azijn toe. Kook, af en toe roerend, tot het mengsel dik genoeg is om de achterkant van de lepel te bedekken, 8 tot 10 minuten. Haal van het vuur, roer de limoenschil erdoor en laat afkoelen.
c) Bewaard in een luchtdichte verpakking in de koelkast, is de marmelade maximaal 1 week houdbaar.

79. Gember Habanero Grapefruit Marmelade

INGREDIËNTEN:
- 4 roze grapefruits
- 1 habanero-peper, fijngehakt (draag handschoenen)
- 2 eetlepels verse gember, geraspt
- 6 kopjes suiker
- 6 kopjes water

INSTRUCTIES:
a) Was de grapefruits en snij ze in dunne plakjes.
b) Meng in een pot grapefruitschijfjes, gehakte habanero, geraspte gember, suiker en water. Laat sudderen tot de schillen gaar zijn.
c) Kook snel tot het stollingspunt is bereikt.
d) Giet in gesteriliseerde potten, sluit af en laat afkoelen.

80.Mango Habanero-marmelade

INGREDIËNTEN:
- 3 grote rijpe mango's, geschild en in blokjes gesneden
- 1-2 habanero-paprika's, fijngehakt (aanpassen aan smaak)
- 4 limoenen, sap en schil
- 6 kopjes suiker
- 6 kopjes water

INSTRUCTIES:
a) Meng in een pot in blokjes gesneden mango's, gehakte habanero-paprika's, limoensap en -schil, suiker en water. Laat sudderen tot de mango's zacht zijn.
b) Kook snel tot het stollingspunt is bereikt.
c) Giet in gesteriliseerde potten, sluit af en laat afkoelen.

81. Frambozen Habanero Munt Marmelade

INGREDIËNTEN:
- 3 kopjes verse of bevroren frambozen
- 2 habanero-paprika's, fijngehakt
- 1/4 kopje verse muntblaadjes, gehakt
- 6 kopjes suiker
- 6 kopjes water

INSTRUCTIES:
a) Combineer frambozen, gehakte habanero-pepers, gehakte muntblaadjes, suiker en water in een pot. Laat sudderen tot de frambozen kapot zijn.
b) Kook snel tot het stollingspunt is bereikt.
c) Giet in gesteriliseerde potten, sluit af en laat afkoelen.

82.Salsa De Piña Tatemada

INGREDIËNTEN:
- 3 teentjes knoflook, gepeld
- 1 grote rode ui (300 g), fijngehakt
- 1 middelgrote ananas, geschild, klokhuis verwijderd en in plakjes van 2 cm dik gesneden
- 2 habanero chilipepers, stengels verwijderd
- 2 eetlepels vers limoensap
- 1 theelepel zeezout, plus meer indien nodig
- ¼ kopje (60 ml) olijfolie
- ½ kopje (25 g) gehakte verse bladpeterselie

INSTRUCTIES:
a) Start een houtskool- of gasgrill. Gas moet op hoog staan. Als u een pelletgrill gebruikt, verwarm uw grill dan minimaal 15 minuten voor op 220 °C. Als u houtskool gebruikt, moeten de kolen rood zijn, maar volledig bedekt met grijze as.
b) Verpak de knoflook en de rode ui in aparte aluminiumfoliezakjes. Leg ze op de grill tot de knoflook en ui zacht zijn geworden, ongeveer 15 tot 20 minuten.
c) Leg ondertussen de ananasschijfjes en habaneros direct op de grill. Kook tot de ananas aan beide kanten gelijkmatig is verkoold en de schil van de habaneros ook gelijkmatig is verkoold, ongeveer 5 tot 10 minuten. Draai elke 2 tot 4 minuten om voor een gelijkmatige bereiding. Als het verkoold is, verwijder dan alles van de grill.
d) Snijd de gegrilde ananas op een snijplank in blokjes van 6 mm. Meng de ananas in een serveerschaal met de gegrilde ui en het limoensap. Reserveren.
e) Voeg het zout en de knoflook toe aan een molcajete en maal totdat de knoflook is opgelost tot een pasta. Voeg vervolgens langzaam de habaneros en de olijfolie toe en blijf malen totdat je een pasta overhoudt.
f) Voeg de habaneropasta toe aan de kom met ananas en ui, voeg de peterselie toe en roer om te combineren. Proef of er zout is, voeg indien nodig meer toe en serveer.

83. Gember-Habanero Wortel Augurken

INGREDIËNTEN:
- 12 ons (of zo) wortels
- 4 habanero's
- 2 ons verse gember, gewassen en in dunne munten gesneden
- 1 eetlepel zwarte mosterdzaadjes (of ander mosterdzaadje)
- ½ theelepel zwarte peperkorrels
- 1 kopje gedistilleerde witte azijn
- 1 kopje water
- ¼ theelepel fijn zeezout
- Uitrusting 1-kwart glazen pot met deksel en een middelgrote pan

INSTRUCTIES:
a) Was een stenen pot van 1 liter grondig met heet water (een vaatwasser is ideaal voor het ontsmetten van een pot). Je kunt het ook koken als je er zeker van wilt zijn dat je pot volledig is ontsmet.

b) Was de wortels (ik heb geen zin om ze te schillen), snijd vervolgens de stengels of het steeluiteinde af en verwijder eventuele uitstekende stukjes harige vezels. Snijd de wortels in staafjes van ongeveer een halve centimeter dik en snij de lange stukken af, zodat ze gemakkelijk in de pot passen. Snijd met de punt van een mes een kleine "X" in het bloesemuiteinde (ook niet het stengeluiteinde) van de habaneros en gooi de stengels weg.

c) Doe de gember, habaneros, mosterdzaad en peperkorrels in de glazen pot. Voeg de wortelstokjes toe en druk ze indien nodig stevig aan om er zeker van te zijn dat ze allemaal passen.

d) Breng de azijn, het water en het zout in een middelgrote pan aan de kook. Haal van het vuur en giet de hete vloeistof rechtstreeks in de pot. Als de wortels niet helemaal onderstaan, kun je er nog wat azijn bij doen tot ze onder staan. Laat de vloeistof op kamertemperatuur komen, sluit het deksel en plaats het in de koelkast.

e) De augurken kunnen direct gegeten worden, maar zijn na 24 uur lekkerder en zijn op hun lekkerst vanaf dag 3.

84. Habanero-mangosalsa

INGREDIËNTEN:
- 2 rijpe mango's, in blokjes gesneden
- 1 habanero-peper, zonder zaadjes en fijngehakt
- 1/4 kopje rode ui, fijngehakt
- 1/4 kopje verse koriander, gehakt
- Sap van 1 limoen
- Zout naar smaak

INSTRUCTIES:
a) Meng in een kom de in blokjes gesneden mango's, de gehakte habanero-peper, de gehakte rode ui, de gehakte koriander en het limoensap.
b) Roer goed om te combineren.
c) Breng op smaak met zout.
d) Dek af en laat minstens 30 minuten in de koelkast staan voordat je het serveert, zodat de smaken zich kunnen vermengen.

85.Habanero Aioli

INGREDIËNTEN:
- 1/2 kop mayonaise
- 1 eetlepel citroensap
- 1 teentje knoflook, fijngehakt
- 1 habanero-peper, zonder zaadjes en fijngehakt
- Zout en peper naar smaak

INSTRUCTIES:
a) Klop in een kleine kom mayonaise, citroensap, gehakte knoflook en gehakte habanero-peper tot alles goed gemengd is.
b) Breng op smaak met zout en peper.
c) Dek af en zet het minstens 30 minuten in de koelkast voordat u het serveert, zodat de smaken zich kunnen ontwikkelen.

86.Habanero-jam

INGREDIËNTEN:
- 10 habanero-paprika's, zonder steel en gehakt
- 2 kopjes kristalsuiker
- 1 kopje appelazijn
- Sap van 1 citroen
- Schil van 1 citroen
- 1/4 theelepel zout

INSTRUCTIES:
a) Meng in een pan gehakte habanero-pepers, kristalsuiker, appelciderazijn, citroensap, citroenschil en zout.
b) Breng het mengsel op middelhoog vuur aan de kook, af en toe roeren.
c) Zet het vuur laag en laat het mengsel ongeveer 15-20 minuten sudderen, of totdat het dikker wordt tot een jamachtige consistentie.
d) Haal van het vuur en laat de habanero-jam iets afkoelen.
e) Doe de jam in gesteriliseerde potten en laat hem volledig afkoelen voordat je hem afsluit.
f) Bewaar in de koelkast. De habanero-jam is enkele weken houdbaar.

87.Habanero Knoflookboter

INGREDIËNTEN:
- 1/2 kop ongezouten boter, verzacht
- 2 habanero-paprika's, zonder zaadjes en fijngehakt
- 3 teentjes knoflook, fijngehakt
- 1 eetlepel gehakte verse peterselie
- 1 theelepel citroensap
- Zout naar smaak

INSTRUCTIES:
a) Meng in een kleine kom zachte boter, gehakte habanero-pepers, gehakte knoflook, gehakte verse peterselie en citroensap.
b) Meng goed totdat alle ingrediënten gelijkmatig zijn opgenomen.
c) Breng op smaak met zout.
d) Doe de habanero-knoflookboter in een kleine serveerschaal.
e) Serveer de habanero-knoflookboter op kamertemperatuur bij gegrilde biefstuk, zeevruchten of groenten.

88.Habanero-ananaschutney

INGREDIËNTEN:

- 2 kopjes in blokjes gesneden ananas
- 1 habanero-peper, zonder zaadjes en fijngehakt
- 1/4 kopje rode ui, fijngehakt
- 2 eetlepels appelazijn
- 2 eetlepels honing
- 1 theelepel geraspte gember
- 1/4 theelepel gemalen kaneel
- Snufje zout

INSTRUCTIES:

a) Meng in een pan de in blokjes gesneden ananas, gehakte habanero-peper, gehakte rode ui, appelciderazijn, honing, geraspte gember, gemalen kaneel en een snufje zout.
b) Roer goed om te combineren.
c) Breng het mengsel op middelhoog vuur aan de kook.
d) Zet het vuur laag en laat de chutney, onder af en toe roeren, ongeveer 15-20 minuten koken tot hij dikker wordt.
e) Haal van het vuur en laat de habanero-ananaschutney volledig afkoelen voordat je hem serveert.
f) Breng over naar gesteriliseerde potten en bewaar in de koelkast. Het blijft enkele weken houdbaar.

89. Habanero Koriander Limoen Dressing

INGREDIËNTEN:
- 1/4 kopje vers limoensap
- 1/4 kopje olijfolie
- 1 habanero-peper, zonder zaadjes en fijngehakt
- 2 eetlepels gehakte verse koriander
- 1 eetlepel honing
- 1 teentje knoflook, fijngehakt
- Zout en peper naar smaak

INSTRUCTIES:
a) Meng in een kleine kom vers limoensap, olijfolie, gehakte habanero-peper, gehakte verse koriander, honing, gehakte knoflook, zout en peper tot alles goed gemengd is.
b) Pas de kruiden naar smaak aan en voeg indien gewenst meer zout of honing toe.
c) Dek de habanero-koriander-limoendressing af en laat deze minstens 30 minuten in de koelkast staan voordat je hem serveert, zodat de smaken kunnen vermengen.
d) Schud of klop de dressing opnieuw voordat u hem gebruikt, omdat de ingrediënten na verloop van tijd kunnen scheiden.

90. Habanero Mangochutney

INGREDIËNTEN:
- 2 kopjes in blokjes gesneden mango
- 1 habanero-peper, zonder zaadjes en fijngehakt
- 1/4 kopje rode ui, fijngehakt
- 2 eetlepels appelazijn
- 2 eetlepels bruine suiker
- 1/2 theelepel gemalen komijn
- Snufje zout

INSTRUCTIES:
a) Meng in een pan de in blokjes gesneden mango, gehakte habanero-peper, gehakte rode ui, appelciderazijn, bruine suiker, gemalen komijn en een snufje zout.
b) Roer goed om te combineren.
c) Breng het mengsel op middelhoog vuur aan de kook.
d) Zet het vuur laag en laat de chutney, onder af en toe roeren, ongeveer 15-20 minuten koken tot hij dikker wordt.
e) Haal van het vuur en laat de habanero-mangochutney volledig afkoelen voordat je hem serveert.
f) Breng over naar gesteriliseerde potten en bewaar in de koelkast. Het blijft enkele weken houdbaar.

DRANKJES

91. Habanero Rum Toddies

INGREDIËNTEN:
- 2 tot 3 ons gewone rum
- 1 theelepel Habanero-rum
- Sap van ½ Citroen of Limoen
- 1 eetlepel honing
- Kokend water (naar smaak)

Habanero-rum:
- Doe twee of drie geroosterde habaneros in een kleine pot en bedek met rum.

INSTRUCTIES:
a) Meng de eerste drie ingrediënten in een mok of hittebestendige kop.
b) Giet kokend water over de andere ingrediënten en roer om de honing op te lossen.

92.Toblerone Warme chocolademelk

INGREDIËNTEN:
- 3 Driehoekige staven van Toblerone
- ⅓ kopje Zoete room
- 1 Habaneros, fijngehakt

INSTRUCTIES
a) Verwarm de room op laag vuur en smelt de chocolade.
b) Meng vaak om "hotspots" te voorkomen.
c) Varieer de hoeveelheid crème afhankelijk van de gewenste dikte na afkoeling.
d) Zodra de room en chocolade goed gemengd zijn, roer je de habaneros erdoor.
e) Laat afkoelen en serveer met appel- of perenpartjes.

93. Habanero Mango Margarita

INGREDIËNTEN:
- 2 oz tequila
- 1 oz drievoudige sec
- 1 oz vers limoensap
- 1 ons mangosap
- 1/2 habanero-peper, in dunne plakjes gesneden
- Ijsblokjes
- Zout voor rimmen (optioneel)
- Limoenpartjes ter garnering

INSTRUCTIES:
a) Rand een margaritaglas met zout (optioneel) door een limoenwig rond de rand te laten lopen en het in zout te dopen.
b) Meng de dun gesneden habanero-peper in een cocktailshaker, zodat de smaak vrijkomt.
c) Voeg tequila, triple sec, limoensap, mangosap en een handvol ijsblokjes toe aan de shaker.
d) Schud krachtig tot het goed gekoeld is.
e) Zeef het mengsel in het voorbereide margaritaglas gevuld met ijsblokjes.
f) Garneer met een partje limoen.
g) Geniet van je pittige en fruitige habanero-mangomargarita!

94. Pittige Ananas Habanero Mojito

INGREDIËNTEN:
- 2 oz witte rum
- 1/2 habanero-peper, in dunne plakjes gesneden
- 4-6 verse muntblaadjes
- 1 oz vers limoensap
- 2 ons ananassap
- 1/2 oz eenvoudige siroop
- Sodawater
- Ananasstukjes en takjes munt ter garnering

INSTRUCTIES:
a) Meng in een glas de dun gesneden habanero-peper en muntblaadjes om hun smaken vrij te geven.
b) Vul het glas met ijsblokjes.
c) Giet witte rum, vers limoensap, ananassap en eenvoudige siroop erbij.
d) Roer goed om te combineren.
e) Maak het drankje af met frisdrank.
f) Garneer met stukjes ananas en takjes munt.
g) Serveer je pittige ananas habanero mojito en geniet van de verfrissende maar toch vurige smaken!

95. Habanero Watermeloenkoeler

INGREDIËNTEN:
- 2 kopjes pitloze watermeloen, in blokjes
- 1/2 habanero-peper, zonder zaadjes en fijngehakt
- 1 eetlepel honing
- 1 eetlepel vers limoensap
- IJsblokjes
- Bruisend water of frisdrank
- Watermeloenpartjes en limoenschijfjes voor garnering

INSTRUCTIES:
a) Meng in een blender de in blokjes gesneden watermeloen, gehakte habanero-peper, honing en limoensap.
b) Mixen tot een gladde substantie.
c) Zeef het mengsel door een fijne zeef in een kan om eventuele pulp te verwijderen.
d) Vul glazen met ijsblokjes.
e) Giet het uitgelekte watermeloenmengsel in de glazen en vul ze tot de helft.
f) Vul aan met bruisend water of frisdrank.
g) Garneer elk glas met een partje watermeloen en een schijfje limoen.
h) Roer voorzichtig voordat u het serveert.
i) Geniet van je verfrissende en pittige habanero watermeloenkoeler!

96. Habanero-limonade

INGREDIËNTEN:
- 1 kopje vers citroensap
- 4 kopjes water
- 1/2 kopje kristalsuiker
- 1 habanero-peper, gehalveerd en zaadjes verwijderd
- IJsblokjes
- Citroenschijfjes en habaneroschijfjes voor garnering

INSTRUCTIES:
a) Meng in een kleine pan water, kristalsuiker en gehalveerde habanero-peper.
b) Verwarm op middelhoog vuur, af en toe roerend, tot de suiker is opgelost.
c) Haal van het vuur en laat de met habanero doordrenkte eenvoudige siroop afkoelen tot kamertemperatuur. Zeef vervolgens de habanero-peperhelften en gooi ze weg.
d) Meng in een kruik vers citroensap, met habanero doordrenkte eenvoudige siroop en koud water. Goed roeren.
e) Vul glazen met ijsblokjes.
f) Giet de habanero-limonade over de ijsblokjes.
g) Garneer elk glas met een schijfje citroen en een schijfje habanero.
h) Roer voorzichtig voordat u het serveert.
i) Geniet van je pittige en pittige habanero-limonade!

97. Habanero Mango Mojito

INGREDIËNTEN:
- 2 oz witte rum
- 1/2 limoen, in partjes gesneden
- 6-8 verse muntblaadjes
- 1 oz habanero-mangopuree (zie recept hieronder)
- 1 eetlepel eenvoudige siroop
- Sodawater
- Ijs

HABANERO MANGOPUREE:
- 1 rijpe mango, geschild en in blokjes gesneden
- 1 habanero-peper, zonder zaadjes en fijngehakt
- 1 eetlepel honing
- Sap van 1 limoen

INSTRUCTIES:
a) Meng in een glas de partjes limoen en de muntblaadjes door elkaar.
b) Voeg habanero-mangopuree en eenvoudige siroop toe aan het glas.
c) Vul het glas met ijs en giet de witte rum erbij.
d) Vul aan met sodawater en roer voorzichtig om te combineren.
e) Garneer met een takje munt en een schijfje limoen.
f) Serveer en geniet van de verfrissende habanero mangomojito!

Habanero Mangopuree:
g) Meng in een blender in blokjes gesneden mango, gehakte habanero-peper, honing en limoensap.
h) Mixen tot een gladde substantie. Pas de zoetheid of kruidigheid naar smaak aan.
i) Zeef de puree indien gewenst om eventuele vezelige stukjes te verwijderen.

98. Pittige Habanero Michelada

INGREDIËNTEN:
- Tajin-kruiden, voor het omranden van het glas
- IJs
- 2 ons tomatensap
- 1 ons vers limoensap
- 1/2 oz habanero hete saus (aanpassen aan smaak)
- 1 scheutje Worcestershiresaus
- 1 scheutje sojasaus
- 1 fles Mexicaans pilsbier
- Limoenwig en habaneroschijfje voor garnering

INSTRUCTIES:
a) Rand een glas met Tajin-kruiden door de rand nat te maken met een schijfje limoen en het in de kruiden te dopen.
b) Vul het glas met ijs.
c) Voeg tomatensap, vers limoensap, habanero hete saus, worcestershiresaus en sojasaus toe aan het glas.
d) Maak af met Mexicaans pilsbier en roer voorzichtig om te combineren.
e) Garneer met een partje limoen en een plakje habanero.
f) Geniet van deze pittige variant op de klassieke Michelada!

99. Knoflook-Habanero-wodka

INGREDIËNTEN:
- 1 habanero-peper
- 1 bol knoflook, gescheiden en gepeld
- Fles wodka van 750 milliliter

INSTRUCTIES:
a) Doe de knoflook en de habanero-peper in een Mason-pot.
b) Vul de pot met wodka. Sluit en schud goed.
c) Steil gedurende 3 tot 5 uur.
d) Zeef de wodka door een fijnmazige zeef.

100. Pittige Ananas En Rucola Mocktail

INGREDIËNTEN:
- 4 kleine habanero chilipepers
- 4 eetlepels honing
- 1 snufje gemalen nootmuskaat
- 1 pond paardenbloembladeren
- 1 pond rucolablaadjes
- 8 ons ananassap

INSTRUCTIES:
a) Verwarm de habanero in een pan met de honing, nootmuskaat en 120 ml water tot het mengsel dik wordt.
b) Meng het habanero-mengsel, de paardenbloembladeren, de rucola, het ananassap en 100 ml water tot een gladde massa.
c) Zeef en zet in de koelkast tot het gekoeld is.
d) Giet het mengsel in 4 glazen en serveer onmiddellijk.

CONCLUSIE

Nu we aan het einde komen van onze met habanero doordrenkte reis, hoop ik dat dit kookboek je heeft geïnspireerd om de gedurfde smaken en opwindende hitte van een van 's werelds meest geliefde chilipepers te omarmen. Van zinderende hapjes tot verrukkelijke hoofdgerechten en heerlijke desserts, elk recept in 'Het Ultieme Habanero Kookboek' is een bewijs van de veelzijdigheid en levendigheid van habanero-paprika's.

Vergeet niet om tijdens uw culinaire avonturen te experimenteren, ontdekken en vooral plezier te hebben in de keuken. Of je nu een etentje met een pittig thema organiseert, indruk maakt op vrienden en familie met je pas ontdekte kookkunsten, of jezelf gewoon trakteert op een smaakvolle maaltijd, moge de vurige geest van de habanero altijd aan je zijde staan en opwinding en warmte toevoegen aan elke maaltijd. gerecht dat je maakt.

Bedankt dat je met mij meeging op deze smaakvolle reis. Op naar nog veel meer pittige avonturen in de keuken en daarbuiten. Tot de volgende keer, veel kookplezier en mogen uw gerechten altijd gedurfd, smaakvol en doordrenkt zijn met de onweerstaanbare hitte van habanero-pepers!

www.ingramcontent.com/pod-product-compliance
Lightning Source LLC
Chambersburg PA
CBHW070402120526
44590CB00014B/1223

CUPRINS

CUPRINS 3
INTRODUCERE 7
REȚETE 8
   1. Tortilla Tapas Clasica 9
   2. Patatas Bravas 11
   3. Albondigas fumurii 13
   4. Crochete cu șuncă 15
   5. Salata de ardei Piquillo 17
   6. Tapas Creveți, Aioli și Piper 19
   7. Ardei Padron la gratar cu Chorizo 21
   8. Midiile și Spanacul 23
   9. Pâine catalană cu roșii 25
  10. Chipjelii de cod afumat 27
  11. Migas 29
  12. Branza Tetilla la cuptor cu Escalivada 31
  13. Deli Cheesy Cheese Cheese Aperitive 33
  14. Wrap cu bacon cu curmale 35
  15. Salata de maia cu somon pe avocado 37
  16. Cartofi dulci cu conopidă prăjită 39
  17. Tapas Mic dejun Toast 41
  18. Sărutări inimii de caviar 43
  19. Mini Churros cu Chili cu ciocolată 45
  20. Pufuri de crema de cocktail 47
  21. Mini Tarte cu fructe 49
  22. Mini Eclere de ciocolată 51
  23. Mini rulouri cu scorțișoară 54
  24. Mini Fruit Danish 56
  25. Mini Croissant cu migdale 58
  26. Ceşti de conopidă 60
  27. Ceşti de quiche Bologna 62
  28. Cana cu prosciutto de briose 64
  29. Ceşti de taco 66
  30. Ceşti de şuncă şi cheddar 68
  31. Mini muşcături de clătite umplute cu Nutella 70

32. Muşcături de slănină-stridii 72
33. Mini muşcături de plăcintă cu mere 74
34. Mini trufe de ciocolată 76
35. Mini batoane de lamaie 78
36. Mini frigarui de fructe cu dip de iaurt 80
37. Mini Sandvişuri Caprese 82
38. Mini Sandvişuri cu salată de pui 84
39. Mini sandvişuri cu curcan şi afine 86
40. Mini şuncă şi brânză 88
41. Sandvişuri Mini Veggie Club 90
42. Sparanghel şi tartine feta 92
43. Tartine cu fructe de mare la frig 94
44. Tartine Fromage-chevre 96
45. Biluţe de pizza 98
46. Tartine Rumaki 100
47. Tartine cu mousse de somon 102
48. Muşcături de burrito 104
49. Muşcături de nuci de pui 106
50. Degete de pui Bivoli 108
51. Briose din friptură 110
52. Muşcături de bacon avocado 112
53. Muşcături de pizza 114
54. Ceşti de Mac şi brânză 116
55. Muşcături de slănină şi ceai verde 118
56. Muşcături de pui învelite în slănină 120
57. Muşcături de conopidă de biloiţă 122
58. Biluţe de bacon jalapeño 124
59. Biluţe de prosciutto cu avocado 126
60. Biluţe de clătite de arţar cu bacon 128
61. Muşcături de ceapă braziliană 130
62. Biluţe de măsline şi feta 132
63. Biluţe de ton cu curry 134
64. Biluţe de porc 136
65. Caramel sărat şi bile brie 138
66. Chifteluţe pentru cocktail 140

67. Măsline verzi și negre marinate 142
68. Paiele de brânză de Sud 144
69. Floricele cu unt 146
70. Frigarui Caprese 148
71. Măsline All'Ascolana 150
72. Murături prăjite 153
73. Tofu marinat refrigerat 155
74. Smochine învelite în prosciutto cu Gorgonzola 157
75. Jalapeño Poppers 159
76. Porci în pături 161
77. Pakoras 164
78. Socca cu ceapa caramelizata si rozmarin 167
79. Mămăligă la grătar cu ceapă și gorgonzola 170
80. Pajeon 173
81. Patrate de spanac 176
82. Aripi de bivol la cuptor 178
83. Rulouri ușoare de ouă 180
84. Torturi cu spanac și edamame cu orez brun 183
85. Green Chile Cheeseburger Sliders 186
86. Clasic Pub Glisoare pe bază de plante 189
87. Chips pita din grâu integral cu piper 192
88. Aripioare de pui cu lămâie-piper 194
89. Biluțe de brânză cocktail 196
90. Iaurt grecesc Curmale de rodie 198
91. Jalapenos umpluți cu brânză 200
92. Chiftele de vită 202
93. Supă de roșii cu creveți 204
94. Bruschetta cu jalapeno prăjită 206
95. Spanac naut Masala 208
96. Jalapenos umplut cu pui 210
97. Bruschetta de sardină de sfeclă 212
98. Scallop Deli Mayo Treats 214
99. Vinete la gratar cu feta si nuca 216
100. Anghinare la cuptor 218

CONCLUZIE 220

INTRODUCERE

Bine ai venit în universul fascinant al tapas-urilor, unde fiecare bucățică spune o poveste culinară unică. **Creațiile Supreme de Tapas** te invită să explorezi esența bucătăriei spaniole, o combinație perfectă între tradiție, inovație și convivialitate. Această carte este mai mult decât un simplu ghid de rețete; este o celebrare a artei de a transforma ingredientele simple în adevărate capodopere gastronomice.

Fie că organizezi o cină festivă sau cauți o gustare rapidă și sofisticată, acest volum îți va deveni aliatul de încredere în bucătărie. Vei învăța să pregătești tapas autentice, să jonglezi cu aromele și texturile și să creezi preparate care vor impresiona orice invitat.

Ce vei descoperi în această carte?

- **Rețete autentice și inovatoare**
  De la clasicele patatas bravas și tortilla spaniolă până la variante moderne cu influențe globale, fiecare rețetă îți va aduce o explozie de arome.
- **Tehnici și sfaturi pas cu pas**
  Descoperă secretele preparării perfecte a fiecărui tapas, cu indicații clare și trucuri utile pentru a obține rezultate demne de un chef.
- **Idei pentru plating și servire**
  Tapas nu înseamnă doar gust, ci și prezentare. Îți vom arăta cum să transformi fiecare farfurie într-un spectacol vizual care va captiva ochii și papilele.
- **O experiență pentru toate simțurile**
  Această carte nu este doar despre rețete, ci despre crearea unei atmosfere. Tapas sunt esența convivialității, perfecte pentru a aduce oamenii împreună în jurul mesei.

Creațiile Supreme de Tapas este invitația ta de a aduce un strop din Spania în propria bucătărie și de a redescoperi bucuria meselor împărtășite cu cei dragi. Pregătește-te să impresionezi și să fii inspirat!

REȚETE

1.Tortilla Tapas Clasica

Produce: 4

INGREDIENTE:
- 2 căni de cartofi Charlotte
- 1 lingura ulei de masline
- 1 ceapă albă, feliată
- 4 ouă
- Sare si piper dupa gust

INSTRUCȚIUNI:
a) Curata cartofii si tai-i felii subtiri.
b) Intr-o tigaie adauga uleiul de masline.
c) Adăugați ceapa albă și gătiți timp de 2 minute.
d) Adăugați feliile de cartofi. Deasupra presara putina sare.
e) Gatiti 20 de minute.
f) Intr-un castron batem ouale cu sare si piper.
g) Adăugați amestecul de cartofi și ceapă în amestecul de ouă.
h) Adăugați puțin ulei pe o tigaie.
i) Se toarnă amestecul de ouă. Gatiti la foc mediu timp de 5 minute.
j) Întoarceți-l cu grijă și gătiți încă 5 minute.
k) Servi.